# 신앙의 길잡이 열두제자

# 신앙의 길잡이
# 열두제자

김후용 지음

제자는 태어나는 것이 아니라 만들어지는 것이다

도서출판 출애굽

## 추.천.사.

　우리는 성경공부 홍수 시대에 살고 있다. 채널만 돌리면 기독교 TV에서 언제든지 성경 강의를 들을 수 있고 설교도 청취할 수 있다. 하지만 정보가 난무한 이 시대에도 참 진리를 찾아내는 것은 쉽지 않다.
　더욱이 이단이 기승을 부리고 적그리스도가 날뛰는 시대에 바른 신앙을 지키는 것은 너무도 힘들다.
　이런 영적 현실을 고려할 때 바른 진리 가운데에 선 지도자의 가르침이 절대적으로 필요하다.
　이번에 신앙의 길잡이 '열두제자'를 저술한 김후용 목사님은 본인과 30여 년간 한결같은 우정을 나눠 온 친구요, 동역자이다.
　내가 총신대학교에 입학했을 때 김 목사님의 첫인상을 잊을 수 없다. 김 목사님은 서울 세관에 근무한 사회인이었던 터라 남다른 사회적 관점과 해박한 지식으로 늘 대화를 주도했던 기억이 지금도 생생하다.
　김 목사님은 총신대학교 신학과를 졸업하고 동 신학대학원에서 건실하게 신학 수업을 마친 후 교회 사역에 열심을 다하던 중 정말 귀한 성경 공부 교재를 저술했다.

김 목사님의 저서 신앙의 길잡이 '열두제자'의 가장 큰 특징은 개혁주의 신학을 바탕으로 쓰였다는 점이다. 이 책을 접한 사람이라면 그 심령 속에 성경적 교리와 개혁주의 신학과 크리스천 삶의 기초를 든든히 세울 수 있을 것으로 확신한다.

다음으로 이 책은 이단 사설을 물리치기 위한 구체적인 대안서이다. 김 목사님은 신천지를 물리치기 위해 현장에서 많이 고민했던 목회자이다. 그러므로 이 책은 한 목회자의 고민과 경험이 담겨 있는 현장 교과서라 할 수 있다.

또한 이 책은 장로교 약점으로 지적되어 온 성령 사역을 강조함으로써 목회 독본으로도 손색이 없다. 장로교 신학은 말씀이 깊고 신학이 탁월하지만, 성령 사역이 너무나 빈약하다는 것이 일반적인 평가이다.

이 책은 그런 약점을 보완했기 때문에 성령 사역의 좋은 길잡이 역할을 할 것으로 기대된다.

아무쪼록 신앙의 길잡이 '열두제자'를 통해 하나님의 영광이 드러나기를 바라며 목회와 성도들이 삶의 현장이 더욱 새롭게 변화되기를 기도한다.

송삼용 목사_ 크리스천포커스 대표, 하늘양식교회 담임
저서_ '영성의 거장을 만나다' 외 33권

## 머리말

오늘 한국교회는 인본주의적인 가치관이 교회로 유입됨으로 말미암아 십자가의 복음이 건물 중심의 성공주의로 변질했다. 거기다가 신학교육 부재로 신천지를 비롯한 이단들이 놀라울 정도로 성장하고 있으므로 한국교회는 심각한 위기에 직면하고 있다.

이제 많은 사람들은 기독교를 비난하는 차원을 넘어 사회의 장애물이나 공공公共의 적敵으로 몰아가고 있다. 교회가 왜 이렇게 되었는가? 그것은 대형교회 중심으로 비리가 끊임없이 터져 나오고 있기 때문이다. 권력지향주의, 성공주의, 물질주의, 성도덕 문란, 신학교육 부재, 성경에 대한 잘못된 가르침 등이 교회를 타락시키고 있다.

인도의 성자로 불리는 간디는 기독교에 대해 호감을 느꼈지만 끝내 기독교인이 되기를 거부했다. 그는 후에 "예수는 좋다. 그러나 기독교(그리스도인)은 싫다."라고 말했다. 간디의 눈에 비친 기독교인들은 성경의 가르침과 너무나 다르게 살아가고 있었던 것이다.

오늘날의 사람들은 기독교에 대해 간디보다 더 엄중한 말을 한다. "예수가 싫다. 교회(기독교인)는 더 싫다." 복음의 본질을 상실해 버리고 세속적 가치관에 물들어서 물량주의, 성공주의로 치닫고 있는 기독교에 대해 세상 사람들이 염증을 느낀 나머지 하나님의 아들 예수까지 거부하고 있다. 이것이야말로 예수에 대한 수치요 기독교의 위기라고 하겠다.

덴마크의 철학자 키에르케고르는 "예수는 물을 포도주로 바꾸었다. 그런데 교회는 더 엄청난 일을 했다. 예수가 만든 포도주를 다시 물로 바꾸었다."고 말했다.

예수는 인류사에 위대한 일을 하셨는데, 기독교는 도리어 예수의 공적을 뒤집어엎어 버렸다. 이 말에 대해 누가 부정할 수 있는가? 구상 시인의 '공범'이라는 시에서 나오듯이 기독교인 모두는 오늘날 기독교의 변질과 쇠락에 대해 공동의 책임을 느껴야 할 것이다.

그렇다면 어떻게 해야 하는가? 다시 복음의 본질로 돌아가야 한다. 기독교가 맹렬하게 비난을 받는 이 시대에 예수는 누구며, 그가 왜 십자가에 죽었으며, 성경이 무엇이며, 교회의 좌표는 어디에 있는지를 성경을 통해 다시 물어야 한다.

신앙의 길잡이 '열두제자'는 비신자와 평신도들이 반드시 알아야 할 기독교의 근본 진리를 10가지 제목으로 체계적으로 다뤘다.

또한 이 책은 이단으로부터 성도를 지켜줄 것이다. 이단에 왜 빠지는가? 성경적인 지식이 체계적으로 정립되어 있지 않기 때문이다. 바울은 디모데에게 '배우고 확신하는 일에 거하라'고 했다. 딤후3:14

성경 지식과 삶의 변화, 이론과 실천, 물질적인 세계와 영적 세계가 균형을 이뤄야 한다. 성경의 가르침을 바로 아는 것(지성)과 믿는 것(영성)이 조화될 때 성도는 이단에 미혹되지 않게 된다.

사람들이 예수를 거부하고 교회를 비난하는 이유는 기독교인들의 일탈된 행태에도 원인이 있지만 예수에 대한 바른 이해가 결여되었기 때문이다. 예수에 대한 바른 지식은 기독교인뿐만 아니라 비 기독교인들에게도 꼭 필요한 것이다.

지금 시대는 물이 없어서 갈한 것이 아니요, 떡이 없어서 허기진 것이 아니라 진리의 부재로 말미암아 공허에 빠져 있다. 이 책은 이 시대 사람들에게 참 진리요 길이요 생명이신 예수를 알려주는 안내서가 될 것이다.

  마지막으로 이 책은 평신도들을 주님의 제자를 만들기 위한 훈련서가 될 것이다. 네비게이터 선교회 월터 헨드릭슨은 "제자는 태어나는 것이 아니라 만들어진다"고 했다.

  필자는 이 책을 통해서 수많은 불신자들이 새신자로 태어나고, 새신자가 제자로 양육 받기를 기대해 본다. 이 책으로 훈련받은 제자들이 또 다른 제자를 양육하여 교회마다 충성된 일군들이 사명을 감당하여 하나님 나라가 완성되기를 간절히 기도한다.

*"너희는 가서 모든 족속으로 제자를 삼아… 가르쳐 지키게 하라"*

마28:19-20

2016년 12월 25일

시골목사 김후용

# 목 차

구원으로 초대_ 왜 예수를 믿어야 하는가? 12

예수는 누구인가? 27

예수는 왜 십자가에 죽었는가? 47

성경은 무엇이고 어떻게 읽어야 하는가? 65

기도는 무엇이고 어떻게 해야 하는가? 95

교회란 무엇인가? 111

성령은 누구인가? 129

어떻게 성령의 인도를 받는가? 145

어떻게 영적 전쟁에서 승리할 것인가? 157

오늘날에도 치유가 일어나는가? 175

어떻게 전도해야 하는가? 193

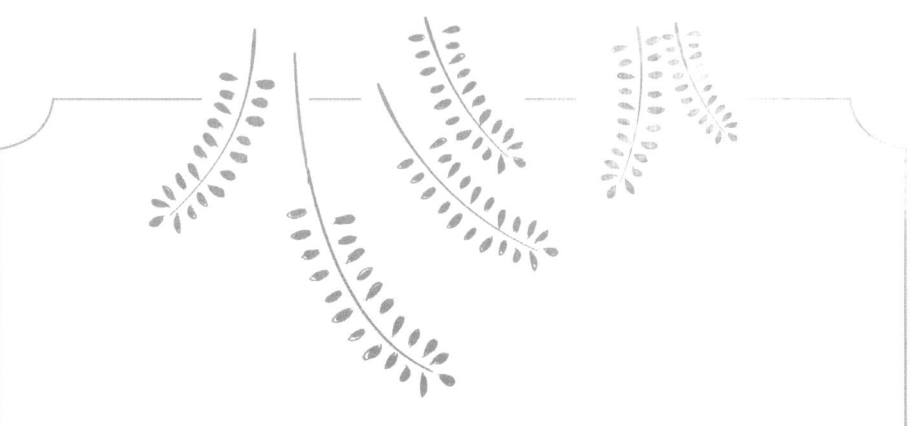

부록

신천지, 성경의 비유가 비밀인가? 209

신천지는 계시록을 어떻게 곡해하는가? 217

계시록의 상징 수인 666, 14만 4천, 아마겟돈은 무슨 뜻인가? 221

신천지, 창세기 1장의 천지창조도 비유인가? 230

신천지는 생명나무와 선악과를 어떻게 곡해하는가? 234

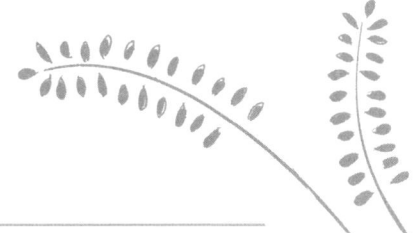

구원으로 초대 _

# 왜 예수를 믿어야 하는가?

대부분의 사람들은 삶에 공허함을 느끼며 살아간다. 사람들은 마음 깊은 곳의 공허감을 채워 보려고 술·담배·섹스·돈·스포츠·일 등에 심취한다. 하지만 세상 것을 추구할수록 공허함과 허무함은 더 커져만 갈 뿐이다.

공허함은 모든 사람이 가지고 있는 것이다. 정도의 차이는 있지만 누구나 살아가며 공허함을 느끼지 않는 사람은 없다.

### 1. 인생이 무엇인가?

인생이 무엇인가? 왜 사는가? 이 물음은 동서고금 철학의 출발이다. 석가는 인생이 무엇인가? 하는 질문을 제시하고, '인생은 고苦이

다'고 했다. (苦集滅道)

사람이 이 땅에 태어난 것은 결코 우연이 아니다. 나는 하나님의 뜻이 있어 이 땅에 태어났다. 생명生命은 인생人生을 열심히 살라는 하늘의 명령命令이다. '나'라는 생명은 이 지구상 60억 인구 중 하나밖에 없는 귀한 존재이다. 참으로 생명은 신비하고 아름답고 고귀하고 불가사의하다.

우리는 인간의 근원을 알기 위해서 성경으로 돌아가야 한다. 성경에서는 이 귀한 생명이 어디서 왔다고 하는가? 창2:7, 창3:19, 전12:7

당신은 왜 산다고 생각하는가?

　　　　　　　　　　　　　　　　　　　　　　　　　　창3:19

## 2. 우리는 어디로 가고 있는 것일까?

인간은 태어나면서 자신의 길을 걷는다. 인생을 살아가는 동안 항상 우리 앞에 두 갈래 길이 놓여 있다.

주님이 말한 넓은 길과 좁은 길은 무슨 뜻인가?

　　　　　　　　　　　　　　　　　　　　　　　　마7:13, 잠14:12

넓은 길은 편안하고 자기중심적인 길이지만 멸망으로 인도하는 길이다. 좁은 길은 세상의 가치관과는 정반대인 자기 부정적 삶의 방식이다. 좁은 길은 자아는 부정되어야 하고, 육신의 정욕은 억제되어야 하고, 유혹은 거절되어야 하는 길이다.

당신은 지금 어느 길을 걸어가고 있다고 생각하는가?

렘21:8

## 3. 죄가 무엇인가?

만약 당신의 모든 생각이 몰래 카메라에 찍힌다면 어떻게 될까? 영국의 작가 서머셋 모옴은 이렇게 말했다.

"만약 내가 이제까지 생각한 모든 것과 저지른 모든 행동들을 몰래 카메라로 찍는다면, 사람들은 나를 사악한 괴물이라고 생각할 것이다."

세상 사람들은 살인, 강도, 음행, 도박 등과 같은 큰 죄라야 죄로 여긴다. 그러나 성경에서는 윤리와 도덕적인 것 외에도 우리가 죄로 인식하지 못하는 것들도 큰 죄로 규정하고 있다.

당신은 죄가 무엇이라고 생각하는가?

 골3:5

우리는 상대방에게 당신이 죄인이라고 말하는 것은 쉽지 않다. 그것은 결례가 되기도 하지만 사람마다 나라마다 죄에 대한 기준이 다를 수 있기 때문이다. 그러면 죄에 대한 절대적 기준이 무엇인가? 그것은 하나님 말씀이다.

### (1) 선악과善惡果는 무엇을 의미하고 있는가?

성경에서 '죄'라고 하면 하와가 선악과를 따 먹는 것에서부터 시작된다. 그래서 많은 사람들이 생각하길 "하나님이 선악과를 만들지 않았더라면 아담이 먹지도 않았을 텐데…" 라고 생각한다.

"하나님은 선악과를 아담이 따 먹을 것을 알면서도 만들었는가?" 하고 의아해 한다. 그것은 선악과를 만든 하나님의 의도를 전혀 깨닫지 못한 잘못된 질문이다.

그렇다면 하나님이 선악과를 만든 이유가 무엇일까?

하나님이 선악과를 생명나무와 함께 동산 중앙에 두었다는 것은 위치 개념보다 하나님의 형상대로 지음 받은 인간이 자기 마음 중심에 선과 악을 구분하며 하나님의 뜻대로 살아야 한다는 것을 말하고 있다.

그러므로 선악과는 피조물인 인간이 선과 악을 구분하며 하나님과의 좋은 관계를 유지하기 위해서 없어서는 안 될 계약과 같은 법法이다.

아담과 하와는 이 법의 지배를 받아 선과 악을 알게 하는 이 법法대로 살아감으로써 하나님께서 의도하신 인간 본연의 행복한 삶을 유지할 수 있다.

하나님이 아담에게 '선악을 알게 하는 나무의 열매는 먹지 말라 네가 먹는 날에는 반드시 죽으리라'는 말씀 속에는 순종과 불순종에 따른 생명과 죽음을 자의적으로 선택할 수 있게 하셨다. 창2:17

즉 하나님은 자신의 형상대로 지음 받은 사람에게 자율적인 판단과 선택의 자유를 주시며, 순종으로 성숙하는 인격체로 성장하기를 원했던 것이다. 그러나 아담(사람)은 육체의 소욕所欲을 좇아 하나님의 법을 거역하고 불순종했다.

즉 아담이 선악과를 따 먹은 것은 하나님의 거룩한 법을 무시한 것이다. 그 결과 아담은 낙원을 상실했고 죽음이 왔고 양심과 도덕이 부패하여 하나님과 관계가 단절되었다. 아담(사람)은 피조물로서 지켜야 할 법法을 어긴 것이다. 이것이 바로 모든 인간 속에 있는 원

죄(原罪)이다.

*『참고도서』'자기 비움의 길 하비루의 길' 길동무 저 p32-33

① 하나님이 선악과를 에덴 동산 중앙에 두신 것은 무엇을 의미하는가?

✎                                              창2:17

선악과는 인간이 선과 악을 구분하며 하나님의 뜻대로 살아야 할 가장 중요한 법法이며 계약이다. 사탄은 하와에게 이 법法을 지키지 말라고 유혹했다. 결국 아담은 에덴동산에서 '선악과를 먹지 말라'는 하나님의 법을 어기고 범죄 했다.

② 인간의 첫 조상 아담의 죄를 무엇이라 하는가?

✎                                              창3:1-7

③ 성경은 왜 모든 사람들이 죄를 지었다고 하는가?

✎                                              롬5:12

모든 인류는 뿌리를 가진 나무와 비슷하다. 나무의 모든 가지들은 뿌리를 가지고 있다. 즉, 인류의 뿌리는 아담이다. 그런고로 아담의 죄로 말미암아 모든 사람이 죄인이 되었다.

(2) 십계명은 무엇을 말하고 있는가?

모세가 쓴 시내산 십계명은 무엇인가? 십계명은 성경에 있는 열 개의 율법으로 하나님이 이스라엘이 출애굽을 한 후 시내산에서 주신 것이다.

이 십계명의 정신은 그 서문에 잘 나타나고 있다. "나는 너를 애굽 땅 종 되었던 집에서 인도하여 낸 네 하나님 여호와니라"고 했다. 출20:2

즉 십계명 서문은 노예들(하비루)의 하나님이라 선포하시면서 다시는 종살이 하지 말라는 취지에서 주신 구약의 복음이다.

실례로 '다른 신들을 섬기지 말라'는 말씀은 이방종교처럼 무슨 형상을 만들어 그것을 섬기므로 비참해지지 말라는 것이다. 우상을 섬기는 자들은 항상 거대한 신전을 짓는다.

고대의 왕들은 자신이 신의 아들로서 자신의 통치기반을 과시하기 위해 거대한 신전을 지었다. '다른 신을 섬기지 말라', '우상을 섬기지 말라'는 것은 하나님을 떠나 지배자의 신들을 섬기면 다시 비참한 노예(하비루)가 된다는 것이다.

절대 다른 신을 섬기지 말라는 것은 인간을 위한 말씀이다. 우리는 십계명을 오늘 다시 재해석하면서 인간의 행복을 위해 주신 십계명을 통해 죄의 노예가 되지 않기 위해 죄가 무엇인지를 조명해 보아야 한다.

십계명에 비추어 볼 때 당신은 어떤 죄를 지었다고 생각하는가?

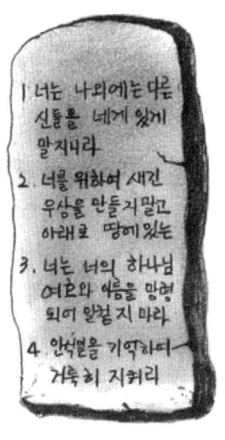 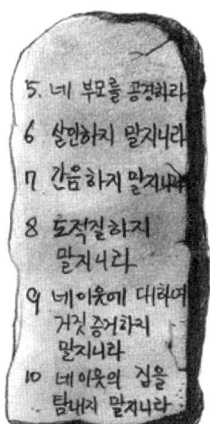

① 하나님을 믿지 않는 죄 출20:3, 요16:9

② 마음속에 각종 우상을 들이는 죄 겔14:3

③ 하나님의 이름을 욕되게 하는 죄 마7:21, 23장

④ 안식일의 근본정신인 예배와 쉼을 지키지 않은 죄 신5:12-15

⑤ 부모를 공경하지 않는 죄 엡6:1-2

⑥ 미워하고 증오하고 용서하지 않는 죄 마5:22, 요일3:15

⑦ 마음으로 음란한 생각과 음행의 죄 마5:27-28

⑧ 남의 물건을 훔치거나 정당한 대가를 지불하지 않는 죄 수7장

⑨ 남을 비난하는 죄, 거짓말하는 죄 마7:1-2, 계21:8

⑩ 물질을 최고의 가치로 여기는 탐욕의 죄 딤전6:9-10

    (다른 사람과 비교하는 것이 탐욕의 출발점이다.)

예수께서 가르치길 '죄를 짓는 자는 다 죄의 종이다'라고 했다. 요8:34 위에서 당신을 가장 괴롭히는 죄는 어떤 것들인가?

(3) 죄는 반드시 대가를 치러야 한다.

성경에서 '죄의 삯은 사망이라'고 한다. 롬6:23

삯이란 어떤 행위에 대한 합당한 대가를 가리키는 말이다. 일한 자는 그 수고에 대한 대가로 품삯을 지급받는다. 이와 마찬가지로 죄를 지은 죄인에게는 죄에 대한 대가로 '사망'이라는 형벌이 주어진다.

죄의 결과인 사망은 무슨 뜻인가?

계21:8

'죄의 삯은 사망'이라는 말은 죄에 계속해서 거하는 자에게 지불되는 대가가 사망이라는 의미이다. 이 때 사망은 육체적 죽음이 아니라 둘째 사망인 불못에 던져지는 영원한 죽음을 뜻한다. 계20:14

## 4. 구원이란 무엇인가?

아담과 하와의 타락 이후에 인간의 궁극적인 문제는 '어떻게 하여야 구원을 받을 것인가' 하는 것이다.

이 세상 어느 누구도 이 문제 앞에서 자유로운 사람은 없다. 왜냐하면 인간은 아담과 하와의 범죄로 말미암아 허물과 죄로 죽었다고 규정하고 있기 때문이다. 엡2:1

여기서 죽음은 단순히 육신으로는 살았지만 영적으로 죽었다는 의미일 뿐만 아니라 삶의 모든 영역이 죽음의 권세 아래 놓여 있는 상태를 말한다. 즉 죽음에 걸린 인간들은 필연적으로 이 세상에서 온갖 악과 고난에 짓눌려 살고 있다.

사람들은 자신이 의식하든지 의식하지 않든지 간에 죄에 매여 죽음의 길로 가고 있다. 그러므로 죄와 사망에서 구원받는 것은 세상 어떤 것보다 중요한 문제이다.

많은 사람들은 죄로 말미암아 자기 영혼뿐만 아니라 모든 삶이 절망적인 멸망의 상태에 있는데도 전혀 느끼지 못하며 살아가고 있다. 당신은 죄로 인해 당신 자신이 절망적인 상태라고 생각하는가?

① 당신은 구원받아야 할 필요성을 느끼는가?

행16:30-31

② 성경에서는 구원을 무엇이라고 하는가?

🖉                 밑그림 참조

【참고】 구원救援의 사전적 의미는 인류를 죄악의 고통과 죽음에서 건져냄이다.

구원은 타락한 인생이 예수 그리스도를 믿어 죄와 사망의 권세에서 건짐 받는 것이다. 롬8:2

③ 당신은 인생에서 가장 중요한 일이 무엇이라고 생각하는가?

🖉                   막8:36

【참고】 성경에서 구원救援은 여러 가지 뜻으로 사용된다.

첫째, 죄악에서 건짐 받는 영혼 구원을 뜻한다. 벧전1:9, 행4:12

둘째, 삶의 환난과 고난에서 건짐 받는 것을 뜻한다. 딤후3:11, 행27:20

셋째, 질병에서 고침 받아 온전해지는 것을 뜻한다. 막5:34, 눅8:34

구원받은 사람은 옛사람이 죽고 새사람으로 다시 태어나는 것이다. 엡4:22-24 구원은 죽어서 받는 것이 아니라 예수를 믿고 회심하는 순간 지금 여기서 구원이 시작된다. 구원받았다는 증거는 새로운 삶의 변화로 나타나야 한다.

④ 어떻게 해야 구원받을 수 있는가? 요3:16
    첫째, 자기 죄를 진심으로 회개해야 한다. 행2:38
    둘째, 자기 입술로 예수를 주님으로 고백해야 한다. 롬10:9
    셋째, 예수가 나의 죄를 위해 십자가에 죽었고 죽은 자 가운데서 다시 부활했다는 것을 믿어야 한다. 롬10:9

⑤ 하나님의 자녀가 되면 어떤 특권이 생기는가?
    첫째, 자신의 죄가 용서된다.
    둘째, 하나님 자녀의 권세를 갖는다.
    셋째, 영생을 선물로 받는다.
    넷째, 예수가 나와 늘 동행한다.

【참고】 예수를 '주님'이라 하는 것은 성경 사전에 따르면 '소유자, 주인'이라는 뜻이며, 또한 신성한 왕권을 의미한다. 입술로 "예수는 나의 주님이다"라고 고백하는 것은 개인적으로 예수를 나의 왕王, 나의 주인임을 선포하는 것이다.

## 영접 기도 迎接祈禱

하나님 아버지!

　나 (　　　)는/은 지금까지 죄를 지어온 죄인입니다.

　나 (　　　)는/은 예수가 나의 죄를 위해 십자가에 죽었고 3일 만에 부활했음을 믿습니다.

　지금부터 나 (　　　)는/은 예수를 나의 주님으로 영접합니다.

　예수님의 이름으로 기도합니다, 아멘.

# 예수는 누구인가?

나사렛 예수는 도대체 어떤 분인가? 예수 그리스도는 실존 인물인가? 가상의 인물인가? 우리가 예수를 제대로 모르면 그 신앙도 온전한 것이 될 수 없다. 예수가 누구인가? 내게 있어서 예수는 어떤 존재인가? 나는 그를 어떻게 정의하고 있는가? 예수를 어떻게 정의하느냐가 신앙의 기본이다.

그러므로 "예수는 누구인가?" 하는 질문은 매우 중요하다. 왜냐하면 예수가 누구인가? 하는 질문에 당신이 어떻게 대답하는가에 따라 내세와 영원의 삶이 좌우되기 때문이다.

제2차 세계 대전 말기, 눈에 덮인 중국 오지의 촌길을 의심에 잠긴 어느 종군 기자가 말을 타고 가고 있었다. 그는 전쟁의 참상을 보고 하나님의 존재에 대해 의심하기 시작했다.
"하나님이 정말 계시는가? 하나님이 정말 계신다면 어찌하여 인간의 이 비참한 상황을 보고만 계시는가?" 하고 의심했다. 그 종군 기자는 말 등에서 "오, 주여! 주의 얼굴을 한 번 보기만 한다면 저는 믿겠습니다." 하고 중얼거렸다.

그때 즉각 그의 마음에 들려오는 음성이 있었다. "사진을 찍으라, 사진을 찍으라" 그곳은 눈이 녹기 시작하여 이곳저곳에 검은 땅이 나타나 보기에도 흉한 들판이었다.

그러나 그는 마음에 들려오는 명령에 따라 말에서 내려 눈 녹은 땅을 카메라로 찍었다. 집에 돌아와 그 필름을 현상했을 때, 거기에 온유와 사랑이 넘치는 놀라운 예수 그리스도의 얼굴이 나타났다.

당신은 위 사진 속에서 무엇이 보이는가?

## 1. 예수는 실존 인물인가?

기독교에서 믿음의 대상은 예수이다. 당신은 예수가 실존한 인물이라고 생각하는가? 아니면 가상假想 인물이라고 생각하는가? 무신론자들과 일반학자들은 예수가 실존인물이라는 증거가 없다고 한다.

믿음의 대상인 예수에 대해 당신은 어떻게 생각하고 있는가? 인간 예수는 존재했는가? 그는 도대체 누구인가?

(1) 예수는 실제로 처녀의 몸을 통해 태어났다.

우리들은 "그 외아들 우리 주 예수 그리스도를 믿사오니, 이는 성령으로 잉태하사 동정녀 마리아에게 나시고"라고 신앙을 고백한다.

동정녀 마리아는 남자를 전혀 모르는 처녀이다. 처녀의 몸이 어떻게 잉태할 수 있는가? 인간의 이성으로 도저히 이해할 수 없는 일이다. 하지만 예수의 출생은 인간 아버지의 개입이 아닌 성령의 초자연적 역사이다.

가브리엘 천사가 마리아에게 무슨 말을 했는가?

> 가브리엘 천사가 마리아에게 말하길
> "보아라. 네가 잉태하여 아들을 낳을 것이니, 너는 그의 이름을 예수라고 하여라. 그는 가장 높으신 분의 아들이라고 불릴 것이다… 성령이 네게 임하고 가장 높으신 분의 능력이 너를 감싸 줄 것이다. 그러므로 태어날 아기는 거룩한 분이요, 하나님의 아들이라고 불릴 것이다." 눅1:31-35
>
> _ 표준 새번역

예수는 어떻게 잉태되었는가?

  눅1:35, 마1:20

예수 이름의 뜻은 무엇인가?

  마1:20-21

【참고】 예수는 로마의 초대 황제 아우구스투스(BC 27-AD 14)가 통치하던 BC 4년경에 유대 땅 베들레헴 마구간에서 태어났다. 눅2:7
현재 세계는 그리스도 예수가 태어난 해를 서기西紀 원년元年이라 한다. AD(Anno Domini)는 라틴어 약자로 '주 예수 안에'라는 뜻이다. BC.(Before Christ)는 영어 약자로 '예수 그리스도의 탄생 전'이라는 뜻이다.

(2) **예수는 실제로 갈릴리 나사렛 동네에서 살았다.**

예수는 유대 땅 베들레헴에서 태어났지만, 소년기와 청년기는 이스라엘의 북부 갈릴리 지방 나사렛에서 보냈다. 마2:23

예수는 생계를 위해 일용직 목수로 일했다. 그는 아버지 요셉이 세상을 일찍 떠났기에 목수 일로 어머니와 동생들을 부양했다. 예수는 자기와 같은 계층 사람들의 삶의 고통과 슬픔을 잘 알았다.

'나사렛 예수'라는 뜻은 무엇인가?

【참고】 갈릴리는 이스라엘 북부 지방으로 '이방의 갈릴리'라 불릴 정도로 멸시와 천대의 땅이었다. 왜냐하면 이 지방은 앗수르, 바벨론, 페르시아, 헬라, 애굽, 수리아에 의해 차례로 정복되고 포로와 이주가 되풀이되어 혼혈 인종, 혼합 문화를 형성했기 때문이다.

갈릴리 지역에 있는 나사렛은 해발 약 375m

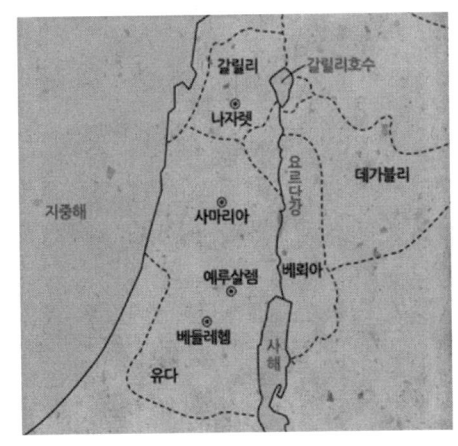

예수는 누구인가?

의 산지에 위치한 분지로 아주 외진 곳이며 보잘 것 없는 마을이었다. 예수가 살았던 당시 나사렛 마을 인구는 약 150명~400명 정도로 추정한다. 나사렛은 가난하고 외진 산골 마을로 갈릴리의 다른 지방 사람에게조차 경멸당하던 곳이었다. 요1:46

### (3) 예수는 실제로 사람의 육신과 감정을 가졌다.

그는 사람의 몸을 가졌기에 피곤했고 배고팠다. 요4:6, 마4:2
그는 유대교에서 죄인으로 취급하던 사람들을 사랑했다. 막1:40-2:17
그는 사랑했던 사람의 죽음을 슬퍼하며 울기도 했다. 요11:35
그는 성전 중심의 타락한 유대교의 불의에 대해 분노했다. 막11:15
그는 우리처럼 마귀의 유혹도 받았다. 막1:9-13

인간 예수를 생각할 때 예수의 어떤 점이 마음에 끌리는가? 예수는 인간 삶의 모든 고락을 경험했다. 예수는 우리의 삶이 지닌 고통과 슬픔과 외로움이 무엇인지 알고 있다.

다음 글을 읽고 느낀 점을 말해 보자.

〈모래 위의 발자국〉

어느 날 밤 나는 꿈을 꾸었다. 주님과 함께 바닷가를 거니는 꿈이었다.

하늘을 가로질러 빛이 임한 그 바닷가 모래 위에 두 쌍의 발자국을 보았다.

한 짝은 내 것, 또 다른 한 짝은 주님의 것이었다.

나는 거기서 내 인생의 살아온 장면들을 보았다.

마지막 내 발자국이 멈춘 곳에서…….

내 삶의 길을 돌이켜 보았을 때, 내 삶의 길에 오직 한 쌍의 발자국만 보였다.

한 쌍의 발자국만 있을 때는 내 인생이 가장 비참하고 슬픈 계절이었다.

나는 의아해서 주님께 물었다.

"주님, 제가 당신을 따르기로 했을 때, 당신은 저와 항상 함께 하겠다고 약속하셨지요. 그러나 보십시오! 제가 주님을 가장 필요로 했을 때, 그때 거기에는 한 쌍의 발자국밖에는 없었습니다. 주님은 저를 떠나 계셨지요?"

주님께서 대답하시었다.

"나의 귀하고 소중한 자야! 나는 너를 사랑하였고 나는 결코 너를 떠나지 않았단다. 네 시련의 때, 고통의 때에도 내가 너와 함께 있었단다. 네가 본 오직 한 쌍의 발자국, 그것은 네 발자국이 아니라 내 발자국이니라. 그때 내가 너를 등에 업고 걸었노라."

_ 작자 미상

당신의 인생에서 가장 힘든 때가 언제였는가?

그때 당신은 그 힘들고 괴로운 시간을 어떻게 이겨 나갔는가?


## 2. 예수는 하나님인가?

초대 기독교가 해결해야만 했던 최대의 과제는 '주 예수 그리스도'가 누구인가 하는 문제였다.

AD 4세기경에 예수가 하나님인가? 하는 문제를 가지고 아리우스와 아타나시우스 간에 치열한 논쟁을 벌였다. 아리우스는 예수는 하나님과 '유사본질'이라 했고 아타나시우스는 하나님과 '동일본질'이라고 주장했다.

로마 황제 '콘스탄티누스'는 이 문제를 그냥 두면 제국이 갈라질 것을 염려하여 제국의 평화를 위해 AD 325년 로마제국 전역의 교회

감독들을 소집하여 종교회의를 열게 되었다.

세계 최초의 종교회의인 니케아 공의회에서 예수는 하나님과 동일 본질이라 결론 나고 아리우스파는 이단으로 쫓겨났다.

어쩌면 이 문제는 바로 오늘 우리 자신의 문제라고 말할 수도 있다. 왜냐하면 지금도 수많은 이단, 사이비의 문제는 결국 예수 그리스도는 누구인가 하는 문제와 직결되어 있기 때문이다.

초대교회 당시의 교인들도 마찬가지로 보이지도 않고 볼 수도 없는 예수가 도대체 어떤 분이며 누구인가? 그는 정말 하나님인가? 고민했다.

구약에서 하나님이 자신을 표현할 때 '나는 _____ 이다'라고 했다.

> 하나님이 모세에게 말씀하시길 "나는 스스로 있는 자이다. (I am who I am) 스스로 계신 분이 나를 너희에게 보내셨다 하여라… 너는 이 스라엘 자손에게 이르기를 여호와, 너희 조상의 하나님…" 출3:14-15

여호와란 무슨 뜻인가? '나는 스스로 있는 자' 곧 자존자自存者이다. 그러므로 여호와는 이름이라기보다는 영원한 자존자로서 하나님을 지칭할 때 부르는 기호記號일 뿐이다. 호 12:5 이 말은 하나님은 절대 완전하고 독립적인 분이며 모든 존재의 근원이 되신다는 자기표현이다. 그런데 예수는 자신이 '여호와'와 동일하다고 표현했다. 요10:30

예수는 누구인가?

① 예수는 '나는 _____ 이다'라고 표현했다.

예수는 자기를 계시하는데 나타내는 사용하는 독특한 어법이 '나는 _____ 이다'이다. '나는 _____ 이다'는 구약성경에서 하나님의 자기계시의 표현이다.

내가 _____ 이다. 요6:35
세상은 온통 굶주려 있다. 사랑에 굶주려있고, 정의에 굶주려 있고, 행복에 굶주려 있다. 예수는 오병이어(五餠二魚)의 기적을 통해 자신이 하늘에서 내려온 생명을 주시는 메시아임을 증거하고 있다.

나는 _____ 이다. 요8:12
세상은 온통 어두워져 있다. 예수는 자신이 사망과 죄악의 어두운 세력들을 물리치는 메시아임을 증거하고 있다.

나는 _____ 이다. 요11:25
많은 사람들이 죽음을 두려워한다. 죽음은 아담의 범죄 결과이다. 예수는 영원한 죽음에 처한 인간에게 영원한 생명을 주시는 메시아이다. 성도들은 그리스도를 믿음으로 그 속에 있는 부활의 생명에 참여하게 된다.

나는 _____ 이다. 요14:6

인간은 아담의 범죄로 말미암아 길을 잃어버렸다. 예수가 대속제물이 되심으로 하나님께로 가는 새로운 생명의 길이 열렸다. 히10:20 예수는 말씀이 육신이 되어 오신 자이다. 예수가 세상에 오신 목적은 우리로 하여금 생명을 얻게 하려 하심이다. 즉 예수만이 인간을 구원하는 길이며 진리이며 생명이다. 요1:14, 14:6

② 예수는 하나님을 믿으려면 자신을 믿으라고 했다.

나를 영접하는 것이 _____ 를 영접하는 것이다. 마10:40

자신을 본 사람이 _____ 를 본 것이다. 요14:8-9

나로 말미암지 않고는 아무도 _____ 에게 갈 수 없다. 요14:6

③ 예수는 성경이 자신을 증거 하는 것이라고 했다.

✎ _____ 요5:39

성경 전체는 예수 그리스도 한 분에게 초점을 맞추고 있다. 눅24:44

④ 예수는 대제사장 앞에서 자신을 오실 메시아라고 했다.

✎ _____ 막14:62

예수는 자신을 간접적으로 하나님과 같은 분이라고 여러 번 말씀했다. 그러나 종교 지도자들은 예수의 말을 듣고 '하나님을 모독冒瀆한 자'라 했다. 막14:62

## 3. 제자들은 예수를 어떻게 보았는가?

① 베드로 ............................................................................ 마6:16

그리스도는 히브리어로 쓰인 구약 성경의 메시아를 헬라어로 번역한 것이다.

② 도마 ............................................................................. 요20:28

'주'(큐리오스)는 전 우주를 통치하시는 분이시며 만왕의 왕이라는 표현이다. 빌 2:9-1

③ 바울 .............................................................................. 롬9:5

"육신으로 하면 그리스도가 저희에게서 나셨으니 저는 만물 위에 계셔 세세에 찬양을 받으실 하나님이시라"

## 4. 이사야 선지자는 예수를 어떻게 묘사했는가?

① 예수 탄생 약 700전 이사야 선지자는 처녀가 한 아기를 낳을 것을 예언했다. 그 이름을 임마누엘이라 했다. 임마누엘은 무슨 뜻인가?

✎ 사7:14, 마1:23

【참고】 임마누엘이란 히브리어 '임(함께)' '마누(우리와)' '엘(하나님)'이 결합된 형태로, 하나님의 아들 예수가 메시아가 될 뿐 아니라 예수가 죄악으로 인해 절망 가운데 있는 인류를 구원하기 위해 친히 이 땅에 내림來臨하신 하나님이란 뜻이다. 빌2:6-11, 마1:23, 요1:1,14

② 이사야 선지자는 처녀에게 태어날 그 아기에게 통치권이 주어졌다고 했다. 그래서 사람들은 그를 무엇이라 불렀는가?

✏️                                                            사9:6

우리를 위하여 한 아기가 태어났기 때문이다. 우리를 위하여 한 아들을 주셨기 때문이다. 그의 어깨 위로 통치권이 주어졌다. 그래서 사람들은 그를 '기묘자', '모사', '전능하신 하나님', '영원한 아버지', '평화의 통치자'라고 부를 것이다. 현대어 성경 사9:6


## 5. 요한계시록에서는 예수를 어떻게 표현하는가?

요한계시록의 핵심 주제는 '어린 양 예수'이다. '어린 양 예수'가 바벨론으로 상징되는 로마제국을 이기고 승리할 것이라는 것이다.

사도 요한은 환상 가운데 보좌에 앉으신 이의 오른손에 책이 일곱 인봉으로 봉하여 진 것을 본다. 하지만 아무도 이 인봉 책을 펴거나 보기에 합당한 자가 없었다.

사도 요한이 울고 있을 때 일찍 죽임을 당한 어린 양이 나아와서 보좌에 앉으신 이의 오른손에서 책을 취했을 때, 모든 피조물들이 "보좌에 앉으신 이와 어린 양에게 찬송과 존귀와 영광과 권능을 세세토록 돌릴지어다."라고 했다. 계5:1-13

보좌에 앉으신 이는 누구인가?
✎ _____

어린 양은 누구를 가리키는가?
✎ _____

하나님과 어린 양이신 예수는 동등하신 분인가?
✎ _____

천상과 땅의 모든 피조물들이 전 우주의 구속을 성취하신 어린양 예수를 찬양하고 있다. 즉 십자가에서 고난당하고 부활하신 예수를 '어린 양'으로 묘사하며 하나님과 동등하신 분으로 찬양하고 있다.

## 맺는말

예수가 사람인가, 하나님인가 하는 문제가 왜 그토록 중요한가? 그것은 나의 믿음의 대상이 누구인가 하는 문제이며 내 영혼이 예수를 믿음으로 구원받을 수 있는가 하는 중대한 문제이다.

예수가 신인가 아니면 사람인가 하는 삼위일체 논쟁은 오랜 세월 동안 지속하고 있는 논쟁이다. 예수는 분명 갈릴리 나사렛에서 살았고 삼 년 동안 공생애 활동을 하시다가 마침내 로마 총독 빌라도에 의해 유대인의 왕이라는 반란 죄목으로 십자가에 못 박힌 실재 인물이다.

하지만 예수가 단지 인간에 불과하면서 스스로 하나님과 동일하게 여겼다면 그는 미치광이이거나 악마일 것이다.

그러나 예수는 동정녀에게 태어나시고, 공생애 삼 년 동안을 활동하시다가 십자가에 죽으시고 삼일 만에 부활했다.

그리고 예수는 40일 동안 이 땅에 있다가 승천했고, 부활한 예수를 목격한 증인들이 아버지의 약속인 성령을 받았다. 그로 인해 초대교회가 탄생했다.

예수는 인간의 몸을 입고 이 땅에 살았던 참 사람이며, 영원 전에 있었던 말씀으로 자기를 비우고 죄인의 몸을 입고 이 땅에 오신 참 하나님이다. 1:1-2, 빌2:6-7, 롬9:5

**암송 구절**

아들을 낳으리니 그 이름을 예수라 하라 이는 그가 자기 백성을 그들의 죄에서 구원할 자이심이라 하니라. 마1:21

【 참 고 】

(1) 교회 역사에는 어떤 이단들이 있었는가?

예수가 누구인가 하는 문제로 수많은 이단들이 생겼다. 교회 역사에는 어떤 이단들이 있었는가?

**첫째 : 영지주의**靈知主義

바울은 초대교회에 편지하기를 영지주의를 조심하라고 했다. 그들은 예수가 실제 사람이 아니고 사람의 모습을 띤 하나님이었다는 가현설假現說을 주장했다. 요일4:2-3

그들은 예수가 동정녀 마리아에게 탄생한 성육신成肉身(임)을 부인하는 자들이다. 즉 예수의 인성人性을 부인하는 자들이다.

**둘째 : 아리우스주의**

기독교가 공인된 로마교회에서는 예수님이 하나님과 동일하신 분인가 아닌가 하는 논쟁이 뜨거웠다.

아리우스는 "예수는 처음 태어난 피조물로 하나님 아버지와 동일본질同一本質이 아니다"라고 주장했다. 즉 아리우스는 예수의 신성神性을 부인했다.

아리우스주의자들은 콘스탄티누스 황제가 주재한 니케아 종교회의(AD 325년)에서 이단으로 정죄 받았다.

오늘날 아리우스 사상과 유사한 것이 바로 여호와 증인들이다. 그들 주장에 따르면 예수는 신(神)이지만, 전능하신 하나님 여호와는 아니다. 유대교에서도 예수의 신성과 메시아임을 전면 부정한다.

셋째 : 한국의 이단들

이○○(신천지)는 예수는 육신을 입고 오신 하나님이 아니라 성령이 인간 육체에 임하므로 하나님의 아들이 되었다고 한다. 신천지 이○○씨는 예수의 신성을 부인한다. 하나님의 교회(안○○ 증인), 통일교(문○○) 등 이단들은 예수의 신성을 부인한다. (부록 참조)

(2) 메시아(그리스도)를 3가지 칭호로 불렀다.

구약 성경에서 메시아(מָשִׁיחַ)는 히브리 사람들이 기다리던 구원자이자 왕王을 말한다. 그 뜻은 '기름 부음을 받은 자'이다.

신약 성경에서 그리스도(Χριστός)는 히브리어 메시아(מָשִׁיחַ)를 헬라어로 번역한 것이다. 메시아(그리스도)를 세 가지 호칭으로 불렀다.

① 인자人子 : 예수는 자기 자신을 일컬어 인자人子라는 말을 즐겨 사용했다. 이는 성육신한 하나님 아들의 인간성을 뜻한다. 막8:31, 9:31, 10:33

구약의 선지자들에 따르면 인자人子라는 칭호는 종말에 이르러 인간의 몸을 입으시고 인류의 구원을 위해 이 땅에 오실 자로 인식되었다. 단7:13-14

② 하나님의 아들 : 유대교에서 하나님의 아들이란 개념은 다윗을 계승하여 이스라엘 위位에 앉을 메시아를 말한다. 이 후손은 다윗의 직접적인 후손을 넘어선 메시아적인 위대한 후손을 일컫는다.
복음서에서 하나님의 아들이란 표현은 하나님이 인간으로 나타나신 자, 아버지와 동일한 속성을 가진 자, 하나님으로부터 이 땅에 보냄을 받은 자라는 뜻이다. 요1:1,14, 7:28-29, 8:29
즉 예수는 인격적으로 선재적先在的인 하나님 자신이며, 사람에게 하나님을 계시하기 위해 육肉을 입은 자이다. 요5:17-18, 10:29-30,33

③ 주(Κύριος) : 주(큐리오스)는 복음의 대상이 유대인이 아닌 이방인들을 전도할 때 사용했던 칭호이다. 행11:20 헬라세계에서 최고의 권위자는 주(主)이기 때문이다. '주主는 전 우주의 통치자이며 만왕의 왕이라는 표현이다. '주(主)'라는 칭호는 로마시대에는 로마황제에게만 사용되던 유일한 칭호이다. 또 히브리 사람들에게는 여호와 하나님에게만 유일하게 사용되던 칭호이다. 초대교회는 예수를 '주(큐리오스)'라 고백하므로 로마제국과 유대교로부터 박해를 받는 원인이 되었다.

# 예수는 왜
# 십자가에 죽었는가?

모든 사람은 태어나서 언제가 반드시 죽는다. 모든 사람에게 죽음이란 두려운 것이다. 죽음은 자연사가 대부분이지만 죽임을 당하는 경우도 허다하다. 주후 1세기경에 갈릴리 나사렛 출신의 한 청년 예수가 로마의 총독 빌라도에 의해 반란죄로 십자가에서 처참하게 죽임을 당했다.

예수보다 더 비극적인 죽임을 당한 사람이 많지만 우리가 십자가에 처형된 예수의 죽음에 대해 관심을 가져야 하는 이유가 무엇인가? 그 이유는 십자가에 달려 죽으신 예수가 믿음의 유일한 대상이기 때문이다. 하지만 그 당시 이방인들이 볼 때 십자가에 달려 처형당한 사형수를 메시아로 믿는다는 것은 아주 미련한 일로 보였다. 고전1:23

또한 유대인들의 입장에서도 십자가에 달려 처형당한 자를 메시아로 믿는다는 것은 있을 수 없는 일이었다. 왜냐하면 율법에 의하면 십자가에 달려 죽은 것은 하나님의 저주를 받은 것이라 기록되었

기 때문이다. 신21:23

그러면 왜 예수는 저주받은 십자가에 달려 죽어야만 했는가? 예수는 과연 누구 때문에 무슨 이유로 십자가에 죽어야만 했는가?

〈 그림설명 〉
## 내가 만난 십자가의 예수님

이 그림은 강신찬 집사가 논산 양촌치유센터 방에 걸려 있는 십자가 그림을 보다가 그린 것이다.
다 그린 후에 옆구리에 찔린 칼을 그려 넣자마자 피가 뚝뚝 떨어지는 것을 보았다. 그리고 예수님은 "네가 나를 죽였다"라는 뚜렷한 음성으로 말했다.
주님의 음성을 듣고 나는 즉시 회개의 눈물이 쏟아지기 시작하면서 계속해서 울었다.
그 이후 나의 삶에 실타래같이 묶이고 맺혀 있던 일들이 풀어지고 풍성한 삶을 누리게 되었다.

_ 크리스천 가정사역센터 『우리가정 작은 천국』 2011. 가을 호(52호) 발췌

## 1. 예수는 왜 십자가에 죽어야만 했는가?

유대 종교지도자들은 예수를 하나님의 모독자, 율법의 파괴자, 메시아적 유혹자로 규정하고 로마총독의 손을 빌려 십자가에 처형했다. 하지만 예수가 십자가 형벌을 받은 진정한 이유가 무엇인가?

① 세례 요한은 예수을 어떻게 묘사했는가?

요1:29,36

세례 요한은 예수를 '하나님의 어린 양'으로 묘사하면서 죄악 된 세상과 하나님과의 관계를 회복시킬 희생양이라 했다.

② 예수는 스스로 자신의 죽음을 어떤 의미라고 했는가?

막10:45

예수는 자신의 죽음을 많은 사람의 죄를 대신하여 생명을 바치는 대속적 죽음이라 했다.
예수는 최후의 만찬에서 떡을 떼어 주면서 내 몸이라 했고, 포도주잔을 주면서 내 피라 했다. 즉 예수는 자신의 죽음을 인류를 위한 대속의 죽음임을 시사했다. 막14:22-24

③ 바울은 예수의 죽음을 어떻게 묘사했는가?

갈3:13

바울은 예수의 죽음을 인간의 모든 죄를 용서하시고 율법의 모든 저주에서 해방되는 사건이라 했다. 즉 십자가의 죽음은 인간의 죄를 고발하는 율법을 무효화시키고 사탄의 권세로부터 승리한 것이다. 골2:14-15

## 2. 죄가 무엇인가?

죄가 무엇인가? 신학에서 죄(sin)는 하나님과 단절이다. 이 죄罪란 바로 살인이나 강도 등의 범죄와 도덕적인 죄를 넘어서 창조주 하나님과의 분리를 의미한다. 죄는 하나님의 법을 따르지 않으며 하나님께 대한 반역에서 시작되었다. 창3:1-13

아담과 하와가 선악과를 먹는 순간 죄에 대해 알기 시작했고, 죄를 지은 아담과 하와는 그 주인인 창조주로부터 떠나 숨게 되었다.

아담의 원죄를 지닌 인간은 그 마음속에 하나님 두기를 싫어한다. 인간의 마음속에는 항상 미움, 질투, 음욕, 탐욕, 악한 생각들로 가득하다. 롬1:28-30

(1) 모든 사람이 죄를 범했다.
성경은 "모든 사람이 하나님에게 죄를 범했다"고 선언하고 있다. 롬3:23
당신이 생각할 때 죄가 도대체 무엇이라고 생각되는가?

세상 사람들은 살인, 강도, 음행, 도박 등과 같은 것들만 죄로 여긴다. 그러나 성경에서는 우리가 죄로 인식하지 못하는 많은 것들을 죄로 정의하고 있다.

당신의 죄는 어떤 것들이라고 생각하는가?
① 마음의 중심에 우상을 들이는 것 겔14:4
② 상처 준 자를 용서하지 않는 마음 막11:25
③ 미움과 시기, 질투, 원망, 분노 요일3:15
④ 성적인 음란한 생각과 음행 마5:28
⑤ 근심 걱정에 빠지는 습관 마6:34, 벧전5:7
⑥ 물질에 대한 탐욕의 죄 딤전6:10
⑦ 자기중심적이고 자기 욕망대로 사는 죄 눅15:13
⑧ 부정적인 사고와 부정적 언어 습관 마7:1
⑨ 게으름과 나태한 습관(늦잠, 무의미한 일에 시간을 낭비하는 것)
⑩ TV 연속극 중독, 스마트폰 중독, 인터넷 쇼핑 중독, 게임 중독, 술 담배 중독 등등

예수가 가르치길 '죄를 짓는 자는 다 죄의 종이다'라고 했다. 요8:34 위에서 당신이 범하고 있는 죄는 어떤 것들이 있는가?

(2) 죄는 반드시 대가를 치러야 한다.

하나님은 공의로우신 분이므로 하나님은 죄에 대해 반드시 그 대가를 치르게 하고 형벌을 내리시는 분이다. 성경에서 '죄의 삯은 사망이요'라고 했다. 롬6:23

죄의 결과인 사망은 무슨 뜻인가?

                                                          계21:8

'죄의 삯은 사망'이라는 말은 죄에 계속 거하는 자에게 지불되는 대가가 사망이라는 의미이다. 이것은 둘째 사망 곧 불못을 의미한다. 계20:14

(3) 죄 문제를 어떻게 해결할 것인가?

우리가 사는 날 동안 죄 문제는 반드시 해결해야 한다. 왜냐하면 범죄한 영혼은 반드시 죽기 때문이다. 겔18:4, 롬6:23

하나님은 사람들이 자신들의 죄로 인하여 영원한 형벌을 받지 않도록 하기 위하여 사죄의 길을 마련해 놓았다. 하나님이 열어 놓으신 죄사함의 길이 무엇인가?

① 구약시대에는 죄 문제를 어떻게 다루었는가?

✎                                         레17:11

구약시대에 사람이 죄를 지으면 흠欠 없는 어린 양을 제사장에게 가져가야 했다. 그리고 그 죄인은 제사장이 지켜보는 가운데 두 손으로 양을 붙잡고 제단 앞에서 자기 죄를 고백해야 했다.

그리하면 그 사람의 죄가 어린 양에게 넘어가게 되는 것이었다. 그때 제사장은 죄를 범한 사람에게 칼을 준다. 죄를 고백한 죄인은 그 자리에서 양을 잡아 피를 흘리게 한다.

즉 죄의 결과는 어린 양이 대신 죽는 것이다. 제사장은 그 사람의 죄를 용서하기 위해 그 양의 피를 제단 위에 뿌렸다. 어린 양의 피가 죄를 대속代贖하기 때문이다.

② 구약시대 대속제물인 어린 양은 누구를 예표 하는가?

✎                                         요1:29,36

③ 신약시대에는 죄 문제를 어떻게 해결했는가?

✎

성부 하나님은 성자 예수 그리스도를 세상에 보내어 우리의 모든 죄

를 그에게 담당시켜 십자가에 죽임으로 우리 죄를 대속하고 영원한 구원을 보증하셨다. 히9:11-14

④ 하나님의 어린 양이신 예수가 십자가에서 피를 흘린 이유가 무엇인가?

✎ 　　　　　　　　　　　　　　　　　　　　　　사53:5-6

그가 찔린 것은 우리의 허물 때문이고, 그가 상처를 받은 것은 우리의 악함 때문이다. 그가 징계를 받음으로써 우리가 평화를 누리고, 그가 매를 맞음으로써 우리의 병이 나았도다… 여호와께서는 우리 모두의 죄악을 그에게 지우셨다. 사53:5-6

_표준 새번역

## 3. 십자가의 결과는 무엇인가?

(1) 십자가는 죄인을 의롭다고 한다!

성경은 모든 사람이 죄를 범했기 때문에 반드시 하나님의 진노의 심판을 받아야 한다고 했다. 죄에 대한 심판은 하나님의 공의이다.

그런데 죄인인 내가 하늘 법정에서 의롭다고 칭해지는 것은 무슨 사건 때문인가?

롬3:23-25

하나님은 그 아들 예수의 십자가 대속代贖으로 말미암아 누구든지 회개하고 주 예수를 믿는 자는 값없이 죄 용서함의 은총을 허락하셨다. 이것이 바로 칭의稱義이다.

칭의는 재판할 때 '죄 없음'을 나타내는 법적 용어이다. 즉 칭의는 하나님의 법정에서 주 예수를 믿는 자는 죄가 없다고 선언하는 것이다.

예수 믿는 신자라도 날마다 죄를 범한다. 신자는 매일 범한 죄에 대해 어떻게 해야 하는가?

요일1:8-9

칭의가 효력이 있으려면 반드시 십자가 앞에 나아와 진심으로 자기죄를 고백하는 회개가 전제되어야 한다. 회개 없는 칭의는 없다. (구원파 박○○ 이단) 칭의는 구원과 같은 뜻으로 간주된다.

아래 글을 읽고 십자가의 대속이 무엇인지 말해보자.

[예화]

도벽盜癖이 심한 아들이 있었다. 그 아버지는 아들의 도적질하는 나쁜 버릇을 고치기 위해 회초리를 들고 여러 번 때렸다.

그리고 아버지가 말하길 한 번만 더 도적질하면 다시는 도적질 못하도록 손을 화로火爐의 인두로 뚫어버리겠다고 했다.

그럼에도 불구하고 아들은 또 도적질을 했다. 아버지는 단호했다. 아버지는 아들을 화로火爐 앞에 데리고 와서 뜨겁게 달군 인두를 치켜들었다.

그리고 아들에게 눈을 감으라고 했다. 아버지는 아들의 손을 꽉 잡고 뜨거운 인두로 자신의 손을 지졌다. 아버지는 범죄한 아들의 죄벌을 대신 받았다. 아버지는 자신의 고통 속에서 아들의 도벽盜癖을 용서했다.

(2) **십자가는 죄인을 죄에서 해방시킨다!**

죄를 범한 자는 반드시 죄의 노예가 된다. 사람이 미움과 질투, 탐욕과 음욕, 돈과 명예, 권세의 노예가 되면 비참해진다. 죄의 노예에서 해방되는 길은 무엇인가?

롬8:1-2

"그리스도 예수 안에 있는 자에게는 결코 정죄함이 없다"는 것은 무슨 뜻인가? 바울은 자신 속에 역사하는 죄의 세력으로 말미암아 끊임없이 율법의 정죄를 받았다. 그러나 그는 이제 십자가의 대속을 깨닫고 죄와 사망에서 해방되었다고 외쳤다. 이제 나도 내 죄를 위해 십자가 지신 예수를 믿음으로 죄에서 해방되고 성령의 지배를 받으며 예수 안에 살게 되었다.

나의 죄 값을 지불하기 위한 예수의 십자가 죽음을 무엇이라 하는가?

✎　　　　　　　　　　　　　　　　　　　　　　　엡1:7

인간은 죄로 인해 사망 아래 놓여 있었다. 그러나 예수가 이 땅에 와서 죄의 종들을 해방시키기 위하여 십자가에 자기 목숨을 내어 놓았다. 막10:45

예수의 십자가 죽음을 통해 죄의 대가가 지불되었고 우리는 죄에서 해방되었다. 이것을 구속救贖 또는 속죄贖罪, 속량贖良이라고 한다. 구속, 속죄는 대가를 지불한 구출이다.

【참고】 고대 사회에서 큰 빚을 졌거나 전쟁에서 포로로 잡혀가면 노예가 된다. 그때 그 노예를 해방하려면 돈을 지불해야 한다. 그러면 그 사람은 다시 자유롭게 된다. 이것을 구속救贖 혹은 속죄贖罪라고 한다. 롬 3:24

구속은 지은 죄에 대해서 대가를 치르고 속박 상태에서 벗어나는 것을 말한다. 구원과 거의 같은 뜻으로 사용된다.

[예화]

미국의 노예 시장에서 어떤 백인 신사가 흑인 여자를 몸값을 지불하고 샀다. 그러고는 그 흑인 여자 앞에서 노예문서를 찢어버렸다.

그 신사가 말하길 "자! 이제 당신은 자유입니다. 나는 당신을 자유롭게 하기 위해 값을 지불했습니다."라고 했다.

예수는 마귀의 종이었던 우리를 자유롭게 하시려고 자신이 십자가에서 피를 흘려 죽음으로 죄 값을 지불하고 우리를 자유하게 했다. 갈5:1

☞ 이때 주님이 십자가에서 죄 값을 지불한 것은 마귀에게 한 것이 아니고 하나님께 지불한 것이다. 마귀에게 배상했다는 배상설은 잘못된 이단 교리이다.

(3) **십자가는 하나님과 죄인을 화목 시킨다!**

성경은 인간이 죄를 범함으로 말미암아 하나님과 원수가 되었다고 선언하고 있다. 하나님은 의로우신 재판장이시며 죄에 대해 매일 분노하시며 회개하지 않는 자들에게 칼을 간다고 했다. 시7:11-12

인간은 죄의 결과로 하나님과 관계가 깨어졌다. 당신은 하나님의 진노 아래 놓인 죄인임을 인정하는가?

✎ _____ 롬1:18

하나님은 하나님을 반역하고 자신의 욕망대로 살고자 하는 타락한

인간의 죄성에 대해 날마다 분노하신다. 롬1:18-21

하나님의 진노 아래 있던 당신이 무엇을 통해 하나님과 화목할 수 있는가?

✏️　　　　　　　　　　　　　　　　　　　　　　　　　롬5:10

하나님의 진노 아래 있던 인간은 십자가로 인해 하나님과 화목하게 되었다. 하나님께서 우리를 당신과 화목하게 하시려고 우리의 모든 죄를 우리에게 돌리지 않고 예수에게 다 돌리고 그를 우리 대신 십자가에서 죽게 했다. 십자가로 인해 우리는 하나님과 화목한 관계가 회복되었다. 롬5:10, 고후5:18-20, 엡2:13-18, 골1:22

## 맺는말

   인간은 아담 이후로 하나님께 죄를 범한 존재이다. 죄의 값은 영원한 사망이다. 죄인이 하나님께 나아가면 반드시 죽는다. 출19:12

   그래서 그 죽음을 대신할 제물인 어린 양의 피를 요구했다. 왜냐하면 피 흘림이 없이는 죄 사함이 없기 때문이다. 레17:11

   하나님의 어린 양이신 예수가 십자가에서 대속의 제물이 되었다. 요1:36 십자가에서 대속적 죽음은 죄 용서함과 죄악으로부터 해방을 주었고, 하나님과 화목하게 한 사건이었다. 골1:20-22

   그러므로 우리는 십자가 대속의 은총을 깨달아야 한다. 십자가 대속을 깊이 인식하지 못하면 십자가를 통한 죄 사함과 성령의 역사하심과 임재하심도 체험할 수 없다.

   십자가에 달리신 예수를 깊이 묵상해야 한다. 신자는 매일 자신의 악한 욕망을 십자가에 못 박고 그리스도와 함께 살아가는 삶이 되어야 한다. 갈2:20, 갈5:24


### 암송 구절

   모든 사람이 죄를 범犯하였으매 하나님의 영광에 이르지 못하더니 그리스도 예수 안에 있는 구속으로 말미암아 값없이 의롭다 하심을 얻은 자가 되었느니라. 롬3:23-24

[예화] **막시밀리아노 콜베 신부 이야기**(1894. 1. 8 ~ 1941. 8. 14)

폴란드인 콜베 신부는 1918년 4월 28일 사제서품을 받았고, 폴란드 프란치스코 신학교에서 교회사를 가르치며 라디오 방송 언론인으로 활약했다. 1930년 동양 선교를 위해서 일본을 방문하여 6년간 머물렀다. 귀국한 뒤 니에포칼라누프 수도원 원장이 되었다.

1939년 폴란드가 나치 독일에게 점령되었다. 제2차 세계대전 기간 중 콜베는 나치의 박해로부터 보호해주기 위해 유대인 2천 명을 포함한 폴란드에서 온 난민들에게 니에포칼라누프 수도원을 은신처로 제공해 주었다.

그로 인해 1941년 2월 17일 콜베는 독일 게슈타포에게 체포되어 파비악 형무소에 투옥되었다. 그해 5월 28일 죄수번호 16670을 부여받고 아우슈비츠 수용소로 이송되었다.

1941년 7월 말 죄수 중 한 사람이 수용소에서 사라진 일이 발생하였다. 사라진 죄수가 탈옥했다고 생각한 수용소 지휘관 SS중위 카를 프리취는 죄수들에게 경고하기 위해 14A동 블록에 수용되어 있던 열 명을 끌어내서 처형할 것을 명령하였다.

끌려 나온 열 명 중에는 자기의 온 가족이 다 나치에 의해 죽임을 당한 프란치세크 가조우니체라는 사람이 있었다. 그 젊은이가 울면서 끌려가지 않으려고 발버둥 쳤다.

그때 콜베 신부가 SS중위 카를 프리취에게 나아가 소원이 있다고 했다. SS중위 카를 프리취는 "소원이 무엇이냐?" 하자 콜베 신부가 말하길 "나는 신부이니까 처자식도 없다. 그러니 이 사람을 살려주시고 그 대신 나를 기아飢餓실에 넣어 달라."고 했다.

잠시 침묵이 흐른 후 SS중위 카를 프리취는 그 청년 대신 콜베 신부를 벙커로 된 기아실로 끌고 갔다. SS중위 카를 프리취는 열 명을 즉시 처형하지 않고 물과 음식을 일체 주지 않고 굶겨 죽이기 위해 감옥에 가두었다.

콜베는 감옥 안에서 기도하며 같이 갇힌 사람들에게 용기를 주었다. 그들은 꼼짝할 수 없는 기아실에서 콜베 신부의 인도를 따라 함께 찬양을 부르며 서서히 굶어 죽어갔다. 그 후 3주가 지났지만 콜베 신부와 다른 세 명이 기도의 힘으로 여전히 살아있었다.

나치는 콜베 신부와 마지막까지 살아남은 자들에게 독약을 주사하여 그들을 모두 살해했다. 1941년 8월 14일이었다. 콜베 신부의 시신은 8월 15일에 아우슈비츠 수용소 내 한 화장장에서 소각되었다.

콜베 신부는 한 젊은이를 살리기 위해 자신이 대신 죽었다. 다른 사람을 살리기 위해 자신의 목숨을 내어 놓은 것이 바로 대속代贖의 사랑이다.

# 성경은 무엇이고 어떻게 읽어야 하는가?

　성경이 도대체 무엇이기에 오랜 세월 동안 사람들의 사랑을 받는 귀한 책이 되었을까? 성경은 인간 구원을 위해 계시된 살아있는 하나님의 말씀이다.

　하나님의 말씀은 수천 년 전에 독특한 문화적 환경에서 기록되었기 때문에 그 시대적 배경을 모르고는 올바르게 해석할 수 없다.

　성경이 하나님의 말씀이지만 그 본래의 의도와는 상관없이 해석하는 오류가 범람하고 있다. 특히 유대교나 여호와증인, 구원파, 통일교, 신천지, 각종 이단에서 성경을 잘못 이해하므로 많은 문제점을 야기하고 있다.

　중세교회는 교황 중심의 교권지배 강화와 각종 이단으로부터 교회를 보호하기 위해 평신도들이 성경을 읽지 못하도록 라틴어로 기록하기도 했다.

성경이 하나님의 말씀인데 문제는 성경을 문자적으로 잘못 해석하거나 엉뚱하게 해석하므로 말씀을 곡해하는 것이 가장 큰 문제이다.

## 1. 성경이란 무엇인가?

성경은 인간 구원을 위해 주신 하나님의 말씀이다. 구약舊約과 신약新約으로 되어 있으며, 구약 39권 신약 27권 총 66권이다.

이 성경은 약 1,600여 년 동안 직업이 각각 다른 40여 명의 저자에 의해 히브리어, 헬라어, 아람어로 기록되었다. 신구약 66권은 각기 독립적으로 존재하던 책이었는데 오늘과 같이 한 권의 책으로 편집된 것이다.

신구약 성경은 각각 독립적으로 기록되었지만 그 내용과 구성은 하나의 주제를 갖고 연속성과 상호 보완적인 관계를 갖고 있어 오직 하나의 저자에 의해 기록된 책이라는 것을 쉽게 간파할 수 있다.

기독교인들 대다수는 '구약'이란 오실 예수에 관한 것이고, '신약'이란 오신 예수에 관한 것으로만 편협 되게 알고 있다.

구약, 신약의 '약約'(Testament)은 '약속'이나 '예언'이란 의미가 전혀 없는 것은 아니지만 그 본래 뜻은 쌍방이 합의한 '계약'을 의미한다. 즉 구약, 신약이라 한 것은 하나님과 인간과의 '계약契約'(Convenant)의 의미로 쓰고 있다.


### (1) 구약은 무엇인가?

구약은 '옛 계약契約'이다. 즉 옛 백성들과 하나님이 맺은 쌍방의 계약이다.

'옛 언약'이란 뜻의 '구약'은 이스라엘 민족이 이집트를 탈출하여 시내산 기슭에서 하나님과 짐승의 피로써 맺은 계약을 기초로 하고 있다.

이 계약에 의해서 이스라엘 민족은 하나님의 선민이 된 것이고, 그 내용이 바로 십계명을 포함한 율법이다. 따라서 율법은 일방적인 하나님의 명령이 아니라, 하나님과 이스라엘 민족이 합의한 계약인 것이다. 유대인들은 율법서를 '언약서'라 부른다.

하나님이 계약을 맺은 대상들이 바로 애굽에서 430년 동안 종살이하던 노예(하비루)들이었다. 하비루는 민족개념이 아니고 그 당시 사회의 가장 낮고 천한 계층을 가리킨다. 구약은 바로 하비루와 맺은 계약이다. 출20:2

최초의 인간 아담은 '선악과를 먹지 말라'는 하나님의 법을 지키지 못함으로 말미암아 계약관계를 깨뜨렸다. 하나님은 깨어진 관계를 다시 복원시키고자 애굽의 하비루들을 선택하여 특별한 계약을 맺으시고 계약의 말씀을 주셨다.

고대에는 계약을 피로 맺었다. 시내산에서 맺어진 옛 계약의 증표

로 짐승의 피를 뿌렸다. 출24:6-8

그러나 하나님이 택한 백성은 계약을 어겼고, 그 결과 다윗-솔로몬 이후 나라가 갈라져 북 왕국은 BC 722년에 앗수르에게, 남 왕국은 BC 586년에 바벨론에게 함락되고 바벨론에서 70년 동안 전쟁 포로가 되었다. 왕하25:1-12

구약에서 '약約'이란 무슨 뜻인가?

구약은 누구와 맺은 계약인가?

구약은 무엇으로 맺어진 계약인가?

【참고】 시내산 계약은 노예(하비루)와 맺은 계약이다. 십계명은 하나님 나라의 모형을 위한 법이다. 십계명의 안식일 계명은 무노동 개념보다 노동자들을 쉬게 하고 신5:14, 7년 안식년이 되면 노예 신분에 있던 자를 해방시키며, 빚을 탕감하고 임금을 지급하고 신15:1-18, 50년째인 희년에는 땅까지 본래의 주인에게 전부 돌려주라는 포괄적인 개념이다. 레위25장 이는 신분, 지위, 빈부 격차가 없는 사회를 만들기 위함이다.

·· 신구약 중간기(BC 400년 ~ )

신약과 구약의 역사가 가지는 비중만큼이나 중요한 역사적 시기가 있는데 그것이 바로 신약과 구약의 중간에 자리 잡고 있는 신구약 중간기이다.

신구약 중간기는 대략 구약 성경의 끝부터 신약 성경이 완성된 시기까지 약 400여 년의 기간을 말한다. 즉 구약 성경의 말라기와 신약 성경이 기록된 시점 중간에 약 400여 년간의 간격이 있는데 이 기간을 중간기(Inter-testamental Period)라고 한다.

신구약 중간기는 무엇인가?

신구약 중간기는 바벨론 포로 이후부터 예수님이 오실 때까지이다. 이때 유대교가 생겼다. 그러므로 신구약 중간기는 유대교의 뿌리이다.

헬라제국의 알렉산더는 페르시아 제국을 멸망시킨 후 세계를 정복하고 헬라문화를 전 세계에 전파했다. (BC 332-142년) 알렉산더는 가는 곳마다 헬라사상과 문화를 전파하기 위해 큰 경기장, 대중 목욕탕, 대중 스포츠인 레슬링 등을 만들어서 보급했다.

유대교의 젊은이들은 헬라의 문화정책으로 주말이 되면 전부 경기장으로 빠져나갔다. 이때 이스라엘의 랍비들은 급속도로 밀려 오는 헬라의 세속문화로부터 신앙을 지키고자 율법형식을 극단적으로 강조했다.

유대교는 바리새인들과 서기관들이 헬라 문화로부터 신앙을 지키기 위해 안식일 법과 정결법을 지나치게 강조하다가 형식주의로 굳어져 갔다.

유대교는 율법의 형식形式인 안식일 법과 정결법을 지키지 못하면 죄인罪人으로 취급했다. 그리하여 유대교는 수많은 죄인들을 양산했다.

유대교는 언제부터 생겼는가?

유대교는 왜 율법 형식을 강조했는가?

### (2) 신약은 무엇인가?

신약은 '새 계약契約'이다. '신약'은 예수 그리스도의 피로 하나님과 맺은 '새 언약'을 말한다. 이는 하나님과 맺은 새로운 계약이다.

옛 백성들이 하나님의 법을 어기므로 옛 계약이 파기되었다. 그리하여 하나님은 새로운 백성들과 새로운 계약을 맺었다. 그것이 새 계약인 신약이다.

새 계약은 유대교 율법에 의해서 정죄되고 세상에서 버림받은 죄인들과 맺어진 새로운 계약이다.

새 계약은 하나님이 인간으로 오셔서 십자가에 죽으시고 흘리신 예수의 피로 맺어졌다. 새 계약의 구성원은 예수를 구세주로 믿고, 죽은 자를 살리신 하나님을 믿는 자들이다.

따라서 예수를 구세주로 믿고, 죽은 자를 살리신 하나님을 믿는 그리스도인들은 하나님과 언약관계를 맺은 새 언약 공동체요, 새 선민인 것이다. 그것이 바로 교회이다.

새 계약은 예수가 와서 구약 계약을 완성시킨 것이다. 마5:17 새 계약의 핵심은 우리에게 성령을 주는데 있다.

신약은 누구와 맺어진 계약인가?

신약은 무엇으로 맺어진 계약인가?

마26:28

이것은 죄 사(赦)함을 얻게 하려고 많은 사람을 위하여 흘리는 바 나의 피 곧 언약의 피니라.

【참고】 성경은 어떤 방법으로 기록되었는가? 벧후 1:21

최초에 기록된 원전原典은 현재 존재하지 않는다. 다양한 복사본을 통해 하나님의 말씀이 온전히 보존되어 내려왔다. (하나님→기록자→원전→사본→현대 성경)

구약은 AD 90년경 얌니아(야브네)에 모인 유대인 장로들에 의해 정경正經으로 결정됐다. 그리고 오늘날의 성경은 AD 397년에 열린 북아프리카 카르타고 공의회에서 얌니아의 결정을 그대로 받아들여 구약 39권을 정경으로 인정하고 여기에 신약 27권을 더하여 도합 66권을 신구약 정경으로 결정하였다.

(3) 성경은 무엇을 말하는 책인가?

성경은 하나님께서 사람들에게 구원의 길을 알려주는 책이다. 그러므로 성경에서 세상 창조가 어떻게 이루어졌는가를 논쟁하거나, 세상 역사적 시간 계산을 한다거나, 세상 종말의 시간을 찾으려고 하는 것은 어리석은 행위이다.

성경은 과학 이전에 쓰였기 때문에 창세기 저자는 천지창조를 과학적으로 설명할 의도가 전혀 없는 것이다. 하나님이 보시기 좋았더라는 것은 하나님이 인간을 위해 세상을 창조했다는 것을 말하는 것이다.

성경은 신앙적 측면에서 하나님과 세상, 하나님과 인간관계를 말하고 있다. 하나님과 인간의 관계는 부모와 자식의 관계에 비유된다.

성경은 인간이 죄로 말미암아 하나님과 관계가 단절되고 온갖 불행이 찾아왔다고 했다. 하나님은 부모의 심정으로 타락한 인간을 바라보시고 세상을 구원하시려고 그의 아들을 보내사 우리 죄를 위해 죽게 하셨음을 말해주고 있다.

그러므로 성경은 과학책도 아니고 역사책도 아니고, 세계 종말을 예언하는 책도 아니다. 성경은 오직 어떻게 하면 타락한 사람들이 구원받을 수 있는가를 다루고 있는 하나님의 말씀이다. 딤후3:15-17

## 2. 성경의 기본적인 구조

(1) 구약의 기본적인 구조(가장 천한 사회계층인 하비루와 맺은 계약)
① 율법서 : 창세기, 출애굽기, 레위기, 민수기, 신명기
② 역사서 : 여호수아, 사사기, 룻기, 사무엘상, 사무엘하, 열왕기상, 열왕기하(바벨론 포로시기)
역대기상, 역대기하, 에스라, 느헤미야, 에스더(바벨론 포로 후)
③ 시가서 : 욥기, 시편, 잠언, 전도서, 아가서
④ 예언서 : 대 선지서→이사야, 예레미야, 예레미야 애가, 에스겔, 다니엘
소 선지서→호세아, 요엘, 아모스, 오바댜, 요나, 미가, 나훔, 하박국, 스바냐, 학개, 스가랴, 말라기

(2) 신약의 기본적인 구조
① 복음서 : 마태복음, 마가복음, 누가복음, 요한복음
② 역사서 : 사도행전
③ 바울 서신(13권) : 로마서, 고린도전서, 고린도후서, 갈라디아서, 에베소서, 빌립보서, 골로새서, 데살로니가전서, 데살로니가후서, 디모데전서, 디모데후서, 디도서, 빌레몬서
④ 공동 서신(8권) : 히브리서, 야고보서, 베드로전서, 베드로후서, 요한일서, 요한이서, 요한삼서, 유다서

⑤ 예언서 : 요한계시록(신생교회가 로마제국에 박해를 받아 전멸의 위기에 처했을 때 그 위기를 돌파하기 위해 교회에게 보낸 사도 요한의 편지)


## 4. 우리는 성경을 갖고 어떻게 해야 하는가?

성경은 인류를 향한 구원과 사랑을 전하는 살아있는 하나님의 말씀이다. 우리가 하나님의 말씀인 성경을 가지고 어떻게 해야 하는가?

(1) **성경을 매일 읽어야 한다.**
우리는 왜 성경을 매일 읽어야 하는가?

✏️                                                                      마 4:4

현대의 기독교인들은 TV 드라마, 오락, 스포츠, 뉴스 등을 보는 시간이 성경을 읽는 시간보다 훨씬 더 많다. 하지만 성경을 읽는 것은 육신을 위하여 음식을 먹는 것처럼 영적생활에 있어서 가장 중요한 근본이다. 아브라함 링컨은 'no bible, no breakfast' 정신으로 살았다.

[예화] **성경을 읽으면 놀라운 변화가 일어난다.**
위대한 신학자요 교부인 성 어거스틴은(AD 354-430) 젊었을 때

욕정에 못 이겨 18세에 아들을 낳고, 진리를 찾아 방황하던 중 그 당시 유행하던 마니교를 9년간 신봉하여 그의 어머니의 가슴을 아프게 했던 방탕한 자였다.

그러다 그는 죽마지우의 죽음으로 심적 변화를 가져 29세 때 로마로 가서 밀라노 감독 암브로시우스를 만났다. 32세 당시 하나님을 찾으며 회개하고 있을 때 난데없이 어떤 집 근처에서 소년의 음성인지 소녀의 음성인지 모르나 노랫소리가 들려오길 '펴서 읽어라, 펴서 읽어라'는 소리가 반복해서 들려왔다.

어거스틴은 '펴서 읽으라'는 소리를 '성경을 펴서 제일 먼저 눈이 가는 구절을 읽으라'는 하나님의 명령으로 받아들여 성경을 펴서 읽었다.

"낮에와 같이 단정히 행하고 방탕과 술 취하지 말며 음란과 호색하지 말며 쟁투와 시기하지 말고 오직 주 예수 그리스도로 옷 입고 정욕을 위하여 육신의 일을 도모하지 말라." 롬13:14~15

그는 이렇게 썼다. "나는 더 이상 읽고 싶지 않았고 그럴 필요도 없었다. 그 문장의 마지막 부분에 다다르자 순식간에 확신의 빛이 마음 속으로 흘러들어와 모든 의심의 어두움을 몰아내는 것 같았다." 그리하여 그는 방황을 끝내고 옛 생활의 종지부를 찍었다.

(2) 성경에 기록된 말씀을 순종하고 따라야 한다.

우리가 성경을 읽을 때 순종해야 할 명령들이 많이 있다. 우리가 힘들어도 하나님의 말씀에 순종할 때 주님이 기뻐하신다.

주님께서는 어떤 자가 천국에 들어갈 수 있다고 하는가?

✎ 마 7:21

예배보다 더 중요한 것이 성경을 바로 알고 하나님의 말씀을 깨달아 실천하는 것이다.

(3) **성경에 기록된 말씀을 매일 묵상해야 한다.**

하나님은 자기 백성들에게 말씀을 묵상하라고 했다.

말씀 묵상이란 무엇인가?

✎ 수1:8

원어의 뜻은 '되새김질을 하다', '중얼거리다'이다. 즉, 하나님의 말씀을 종일토록 되새김질하며 중얼거리는 행위가 묵상이라는 의미다. 그러므로 묵상이란 하나님의 말씀을 되새김질하기 위해서 말씀과 함께 생각하는 것이다.

하나님의 말씀을 묵상하는 자는 어떤 축복을 받는가?

✎ 시1:3

## 맺는말

성경은 모든 사람들에게 구원의 길을 제시하는 하나님의 말씀이다. 성경은 예수가 하나님의 아들 그리스도이심을 믿게 하고 영생에 이르게 한다. 성경은 우리의 삶과 신앙의 유일한 표준이다. 딤후3:15

그러므로 성도가 세상과 구별된 경건한 삶을 살기 위해 매일 성경을 읽고 묵상해야 한다. 성도는 매일 성경을 묵상하므로 나를 향한 하나님의 뜻을 찾아야 한다.

성경은 하나님의 말씀이므로 당연히 하나님의 입장에서 읽어야 한다. 그래야 성경 구절에서 성경이 본래 말하고자 하는 하나님의 의도를 파악할 수 있는 것이다.

우리가 성경을 하나님의 입장에서 바로 이해하려면 성경 본문(text)을 그 시대의 역사적 배경과 상황(context) 속에서 읽어야 한다.

성경은 수천 년 전의 독특한 문화적 배경에서 기록되었기 때문에 그 시대적 배경을 모르고는 올바르게 해석되어 질 수 없다. 우리가 성경 본문을 제대로 이해하려면 배경에 대한 충분한 공부도 선행되어야 한다.

성경을 바로 이해하기 위해서는 올바른 교재를 가지고 공부해야 될 뿐 아니라 말씀을 읽을 때는 반드시 성령의 도우심을 구하며 읽어야 한다.

암송 구절

성경은 능히 너로 하여금 그리스도 예수 안에 있는 믿음으로 말미암아 구원에 이르는 지혜가 있게 하느니라. 딤후3:15

•• 참고사항

성경 어떻게 읽어야 하는가?

성경은 구약 39권 신약 27권 총 66권이다. 그 내용은 율법서, 역사서, 시가서, 예언서, 복음서, 서신서, 계시록이 있다. 각 책마다 성격이 다르다. 그러므로 저자의 기록 의도를 이해하면서 읽어야 한다.

## 1. 율법서를 어떻게 읽어야 하는가?

율법서는 구약의 복음이다. 율법서는 하비루(밑바닥 계층)를 위한 법이다. 율법서는 창세기, 출애굽기, 레위기, 민수기, 신명기가 있다. 창세기는 이야기 율법 책이다.

오늘날 학교에서 천문학의 빅뱅(Big Bang) 가설과 생물학의 진화론進化論 가설을 배우다 보니 하나님의 천지창조와 첫째 날, 둘째 날… 창조 기사가 믿어지지 않는 신화로 느껴질 때가 많다.

창세기 첫 문장에 '태초에 하나님이 천지를 창조하시니라'는 무엇을 의미하는가? 우리가 분명히 알아야 할 것은 창세기는 과학책이 아니다.

천문학 또는 물리학에서는 우주의 처음을 설명하기를 대폭발大爆發 또는 빅뱅(Big Bang) 가설을 주장한다. 우주의 처음에 매우 높은 에너지를 가진 작은 물질과 공간이 약 138억 년 전의 거대한 폭발을 통해 우주가 되었다고 보는 이론이다.

창조 과학회에서 주장하는 젊은 지구 창조론, 오랜 지구 창조론, 유신진화론 등이 있지만 우리가 분명히 알아야 할 것은 창세기는 과학책도 역사책도 아니라는 사실이다.

창세기 1장은 하나님이 전 우주의 모든 생명체를 지었다는 것을 기록한 문서이다. 창세기 기자가 첫째 날, 둘째 날, 셋째 날의 창조 기사에서 무엇을 말하고 싶어 했는가? 그것은 하나님이 시간을 만드셨다는 것이다. 해와 달과 별을 만드신 분이 하나님이라는 것이다.

그리고 하나님의 천지창조의 최종 목적目的은 사람아담이라는 것이다. 창1:26 천지를 창조하신 하나님은 자신의 형상대로 만든 사람이 이 세상에서 행복하게 살도록 만드셨다는 것이다. 창1:26-27, 31

그러므로 천지창조의 첫째 날, 둘째 날, 셋째 날(욤)의 길이가 24시간인가 아니면 아주 긴 날인가 하는 '날(욤)'의 논쟁은 성경 저자와 전혀 관계가 없는 논쟁이다.

창세기 기자가 말하고 싶었던 것은 하나님이 사람을 위해서 세상을 창조했다는 것이다. 창세기는 창조 이야기와 아담의 죄와 타락, 한 사람 아브라함을 선택하여 약속과 구원을 이야기한 율법 책이다.

출애굽기는 히브리민족이 430년 동안 애굽의 노예의 신분에서 탈출하여 시내산에서 율법을 받는 이야기가 중심이다. 하나님은 시내산에서 하비루를 위한 법인 율법을 주시고 자기 백성들에게 시내산 계약대로 살라고 했다.

레위기의 핵심어는 '성별' '거룩'이다. 하나님은 그의 백성들이 가나안 문화와는 다른 거룩한 삶을 살기를 원했다. 참된 거룩은 율법 조항을 지키는 것이 아니라 율법의 정신을 지키는 것이다. 고후3:6

민수기(Numers)라는 이름은 두 번의 인구조사에서 비롯되었다. 민수기는 이스라엘이 시내산에서 출발하여 가나안 땅 맞은편 모압 평지에 이르기까지 광야 생활의 여정이다.

출애굽한 이스라엘이 광야생활에서 하나님의 돌보심과 거듭되는 불신으로 광야에서 방황하는 이야기이다.

신명기는 하나님의 명령이 아니라 모압 평지에서 남긴 모세의 3편의 유언 설교이다. 모세는 율법을 재해석하여 이스라엘 민족들이 가나안 땅에 들어가서 말씀 중심으로 살라고 유언했다. 신명기는 훗날 바벨론 포로생활을 하던 이스라엘 백성들에게 가장 큰 영향을 끼친 책이다.

구약의 복음인 율법서를 문자로 이해하면 많은 오류를 범하게 된다. 율법서를 읽을 때는 반드시 문자를 넘어서 말씀의 정신과 의도를 이해해야 한다. 고후3:6 이렇게 율법서를 재해석한 것이 신명기이다.


## 2. 역사서는 어떻게 읽어야 하는가?

역사서는 당대의 역사적 사실을 기초로 하여 유대 중심적 사관으로 기록한 책이다. 즉 역사서는 유대민족의 객관적인 역사적 기록이 아니고 과거에 있었던 사건에 기초한 유대인들의 해석임을 알아야 한다.

기독교는 유대교 사관으로 기록된 역사서를 문자적으로 해석함으로 십자군전쟁, 제국주의가 등장하여 수많은 죄악사를 저질렀다. 이것은 역사서가 당대의 역사적 사실에 기초한 유대교 사관의 기록물이라는 사실을 모르고 읽었기 때문이다.

현재 우리가 사용하고 있는 구약은 이스라엘 사람들이 AD 90년경에 정경화 한 것을 기독교에서 그대로 인정했다. 우리는 역사서를 읽을 때 '일점일획'도 틀림없다는 사실이 아니라 유대인들이 그때의 역사적 사실을 어떻게 해석했는가 하는 입장에서 읽어야 한다. 또한 우리는 유대인들의 잘못된 역사 해석을 찾아내어 그 오류에 빠지지 않도록 해야 한다.

예를 들면 여호수아를 읽을 때 유대인의 시각에서 쓴 정복설을 그대로 받아들이면 이스라엘 하나님은 잔인한 하나님이며 이방인들이 절대로 믿을 수 없는 하나님이 되고 만다.

예) '남녀노소 할 것 없이 다 죽이라'는 것은 유대민족들이 사용하는 독특한 표현이다. 즉 이 표현은 유대인의 선민의식에서 나온 유대인들의 독특한 표현으로 읽어야지 문자적으로 해석하면 안 된다.

우리 문화에서 독특한 표현으로 뜨거운 것을 먹으면서 시원하다 하고 매사에 '죽겠다'란 표현을 사용하듯이 '다 죽이라'는 표현은 유대 유목민들이 사용하는 독특한 표현으로 이해해야 한다.

실제 가나안에 들어간 이스라엘 민족들은 거룩한 전쟁을 반대하는 지배계급들은 죽였지만 대다수 가나안 사람들과 어울려 평화롭게 살았다. 수12:7-24, 23:1

역사서는 유대인의 역사적 관점에서 쓰였기 때문에 재해석해야 할 필요가 있다. 유대교 역사서를 일점일획도 틀림없는 하나님의 말씀으로 읽으면 큰 오류에 빠질 수 있다.

## 3. 예언서 어떻게 읽어야 하는가?

우리는 '예언'이라 하면 대개 미래에 일어날 일을 미리 알려주는 것이라고 생각한다. 그러나 구약성경의 예언이라 하면 하나님의 뜻이나 그 메시지를 해석하고 선포하는 것을 가리킨다. 다시 말해 하나님의 말씀 선포자가 예언자들이었다.

예언자들 중에는 하나님의 영으로 말씀을 전하는 엘리야, 엘리사, 이사야, 예레미야 같은 참된 예언자도 있지만 거짓 선지자들, 왕의 정치적 책사들도 있었다.

① 바벨론 포로이전: 아모스, 호세아, 요엘, 이사야, 나훔, 미가, 요나, 스바냐, 오바댜, 하박국, 예레미야
② 바벨론 포로기간: 에스겔, 다니엘, 제2 이사야(사40장 이후)
③ 바벨론 포로이후: 스가랴, 말라기, 학개

### 4. 복음서는 어떻게 읽어야 하는가?

복음서의 주제는 하나님 나라(천국)이다. 예수는 공생애를 시작하면서 선포하길 "때가 찼고 하나님의 나라가 가까웠으니 회개하고 복음을 믿으라."고 했다. 마4:17, 막1:15

이 말씀은 예수가 이 땅에 오심으로써 하나님 나라(천국)가 이미 이 땅에 도래했다고 선포하며 복음을 믿으라는 것이다. 복음은 바로 예수의 죽으심과 부활의 복된 소식이다. 구원을 얻는다는 것은 바로 십자가에 죽고 부활한 예수 그리스도를 믿어 하나님 나라에 들어가

는 것을 뜻한다.

예수의 가르침은 시내산 율법을 재해석하고 완성하기 위한 것이었다. 궁극적인 것은 자신의 죽으심으로 말미암아 죄와 사망의 권세가 무너지고 부활하심으로 그를 믿는 자들에게 영생을 약속하셨다.

하지만 복음서에는 죽어서 가는 하나님 나라(천국)에 대한 언급은 별로 언급이 없다. 눅23:43, 행7:55, 계21:1 죽어서 가는 하나님 나라(천국)는 우리가 자세하게 알 수 없다.

오히려 주님은 이 땅에 하나님 나라(천국)를 이루어 가야 함을 대단히 강조했다. 주님의 모든 비유들은 "천국은 마치…과 같다"는 말로 시작된다. 즉 주님이 가르친 것은 시내산 율법을 재해석하므로 하나님 나라 백성으로서 이 땅에서 살아가야 할 윤리를 강조했다.

예수님이 병 고치는 이야기는 단순히 병 고치는 이야기로만 보아서는 안 된다. 예수님이 병 고치는 것은 죄인으로 정죄된 자를 구원하고, 더 나아가 유대교의 인과응보因果應報 사상에 젖은 잘못된 신앙을 고치는 것이었다.

## 5. 사도행전은 무엇인가?

사도행전은 예수가 승천한 이후 사도들의 행적을 기록한 책이다. 누가는 사도행전에서 예수님의 승천 이후 사도들이 성령의 권능을 받아 사람들에게 복음을 선포하면서 교회를 세워나가는 과정을 기술했다. 그래서 사도들의 행적이 담겨 있다 해서 사도행전이다.

사도행전은 1장~12장까지는 베드로의 행적이 다루어지고, 13장~28장까지는 복음을 온 세계에 전한 사도 바울의 행적이 주로 다루어지고 있다.

## 6. 바울 서신은 어떻게 읽어야 하는가?

바울 서신은 바울이 자신이 세운 교회와 또한 특정한 사람들에게 보낸 13편의 편지이다. 바울 서신은 구체적인 교회 상황 속에 구체적인 목적을 갖고 기록한 편지이다.

바울은 바리새인으로서 유대교에 아주 열심이었고 초대 기독교인에 대한 박해자였으나 다메섹 언덕에서 하늘로부터 '사울아 사울아 네가 어찌하여 나를 핍박하느냐' 하는 부활하신 예수를 체험했다.

바울이 경험하고 만난 예수는 하늘 보좌 우편에 계신 그리스도를 만난 것이다. 그래서 그의 편지에 보면 육체적 예수보다는 하늘에 계신 그리스도를 더욱 강조하고 있다. 골3:1-4

바울은 보좌 우편에 계신 그리스도 예수를 만나고 나서 평생을 그리스도 예수의 복음 전파를 위해 생명을 바쳤다. 그래서 바울 서신은 '그리스도'를 강조하고 있다. 골1:28-29

바울은 1차(AD 46-48), 2차(AD 50-52) , 3차(AD 53-58) 전도여행을 했고, 그 후 복음을 선포한 지역에 구원받은 성도들이 직면하고 있는 여러 가지 당면한 문제에 대해 편지를 보냈다.

바울은 "구원은 율법의 행위가 아닌 믿음으로 얻는다"고 했다. 롬4장 그렇다고 행함이 필요 없는 것이 아니다. 성도는 하나님의 아들을 믿음으로써 영생을 얻지만, 그분의 말씀을 순종(행함)하지 않을 때는 오히려 하나님의 진노를 받게 된다. 요3:36 "하나님 앞에서 율법을 듣는 자가 의인이 아니요 오직 율법을 행하는 자라야 의롭다 하심을 얻으리니" 라고 했다. 롬2:12,13

그러면 율법은 무엇인가? 율법은 죄를 깨우쳐 주는 것이다. 즉 율법은 우리가 죄인임을 알게 하는 것이다. 갈3:19,롬7:13

또한 바울이 율법의 행위로 구원받는 것이 아니라고 할 때 바울이 말한 율법은 대부분 시내산 율법이 아닌 유대교 율법을 말하고 있다. 즉 유대교 율법인 할례, 절기지킴, 정결의식을 행해야 구원받는다는 것이 아니라고 했다. 롬4:1-11, 갈3:1-14, 5:6

① 초기 서신들 : 데살로니가전서, 데살로니가후서
② 주요 서신들 : 갈라디아서, 고린도전서, 고린도후서, 로마서
③ 옥중 서신들 : 에베소서, 빌립보서, 골로새서, 빌레몬서
④ 목회 서신들 : 디모데전서, 디모데후서, 디도서

## 7. 공동 서신은 무엇인가?

공동 서신이란 야고보서, 베드로전서, 베드로후서, 요한 1, 2, 3서와 유다서 등 일곱 권을 말한다. 여기서 '공동'이란 말은 보편적 또는 일반적이란 뜻이다. 즉 어떤 특정한 교회나 개인을 상대로 기록한 서신이 아니라 교회 일반에 보내어진 서신이다. 이 말은 바울 서신과 구별하기 위하여 사용된 말이다.

## 8. 요한계시록은 어떻게 읽어야 하는가?

요한계시록은 미래의 종말을 예언하는 책이 아니라 그 당시 순교를 앞두고 있는 성도들에게 위로와 소망을 주기 위해 쓰인 설교 편

지이다.

요한계시록은 로마제국에서 핍박받고 있는 성도들에게 보낸 편지로서 7인, 7나팔, 7대접의 3편의 설교로 구성되어 있다. 로마제국 아래서 그 제국의 멸망을 예언하면서 묵시적 언어와 비유적 표현을 통해 말씀하고 있는 설교 편지이다.

편지의 주제는 세상을 통치하고 있는 악마의 세력인 로마제국은 곧 무너지고 하나님의 통치가 이 땅에 실현될 것이라는 것이다. 그것은 두 가지 의도에서 묵시문학의 형식으로 쓰였다.

첫째는 제국의 박해 아래 고통받는 교회에 용기를 주기 위해 쓰였다. 요한은 계시록의 메시지가 박해자들에게 알려지지 않도록 하기 위해 묵시적이며 비유적인 표현을 사용했다.

둘째는 사도 요한은 하나님과 사단 사이의 치열한 싸움을 설명하고 있다. 그 설명할 수 없는 것을 설명하기 위해 우주적인 비유와 묵시의 언어를 사용했다.

사도 요한은 도미티안 황제 때 밧모섬 유배 후 석방되어 에베소로 돌아와서 그가 본 환상을 정리하여 묵상하면서 묵시적 언어로 계시록을 썼다. 그러므로 요한계시록을 가지고 미래를 예언하는 근거로 사용한 자는 전부 잘못된 길을 걸어갔다.

사도 요한의 묵시문학은 일곱 교회의 사정을 명기하고 악마적 권세인 로마제국을 바벨론에 비유하며 대망의 메시아적 심판이 있을 것을 상징적으로 표현하고 있다.

예) 어린 양은 예수 그리스도를 상징한다. 두 감람나무(계11장): 율법의 대표자 모세와 선지자의 대표자 엘리야를 상징한다. 바벨론=로마제국, 물위에 앉은 음녀=로마, 짐승=로마제국을 상징한다.

14만 4천은 무엇을 상징하는가? 계7:4, 14:1-3 계시록의 숫자는 상징적인 의미이지 실제 숫자를 말하는 것이 아니다.

첫째는 순교자들을 상징한다. 세상을 다스리고 있는 악마의 세력인 죄악을 무엇으로 제거할 수 있는가? 그것이 바로 순교자의 피라는 것이다. 계6:11 순교의 피가 로마의 악한 권세를 물리친다는 것이다.

둘째는 14만 4천은 구원받은 모든 성도들을 뜻한다. 구약에서 12는 이스라엘 열두 지파의 숫자, 신약에서 12는 그리스도의 사도들의 숫자에 충족수 10을 세 번 곱한 것이다.

12는 천지승수天地乘數로서(3×4=12), 즉 하늘의 수인 3과 땅의 수인 4를 곱한 완전수, 하나님의 백성(이스라엘)의 숫자이다. 전체 혹은 완전함을 상징한다.

그러므로 계시록의 십사만 사천이란 숫자도 자연적인 수를 의미하는 것이 아니라 '완전'을 상징하는 상징의 수이다.

12×12×1,000=144,000 → 12지파의 세계적 확대 = 새 이스라엘 = 전체 교회이다. 즉 14만 4천은 구원받은 자의 '전체'를 의미하는 '완전수'로써 하늘과 땅에 구속 받은 모든 성도들을 가리킨다고 볼 수 있다.

666은 무엇을 의미하는가? 계13:18 이것이 상징인지(Greijdanus, Plummer, Hendriksen), 어떤 한 인간의 암호인지(Charles, J. B.

Smith, Stauffer) 학자들의 논의가 있다.

전자에서는 이 수가 (6×100)+(6×10)+6으로 된 것으로 보고, 그러한 6이 100배, 10배 1배 있는 것은 완전한 불완전을 나타내는 것으로 본다. 즉 666은 인간의 수, 세상적인 수, 마귀의 수라 생각한다.

후자의 경우는 666을 인간의 암호(cryptogram)로 보고, 그 인간의 이름을 지칭하기를 피하기 위한 암시적 방법으로 볼 수 있다.

그렇다면 666이 암시하는 인간은 누구인가? 당시의 정황에 비추어 볼 때 로마황제를 지칭하는 것으로 볼 수 있다. 그는 묵시적으로 표현하면 '짐승'과 같은 존재이다.

현대어 성경(성서원)은 "여기에 세심한 주의를 기울여서 풀어야 할 수수께끼가 있습니다. 이 숫자의 뜻을 풀 수 있는 사람은 풀어보십시오. 이 짐승의 이름을 숫자로 표시하면 666이 됩니다"라고 번역했다.

짐승의 이름을 숫자로 표시하면 666이라 했다. 그 당시 문자는 숫자를 다 가지고 있었다. 라틴어로 네로를 'NERON'이라 한다. 그러면 N=50, E=6, R=500, O=60, N=50, 합계 666이 된다.

즉, 666은 로마황제이며 악의 화신인 네로를 상징하는 것이다. 로마황제를 악의 화신으로 기록할 수 없으므로 암호로 사용해 기록한 것이다.

아마겟돈 전쟁은 무엇을 의미하는가? 계16:16

많은 사람들이 아마겟돈을 인류 최후의 전쟁으로 이해하고 있다. 인류 최후의 3차 세계전쟁이 일어나면 핵전쟁이 되기 때문에 세상은 멸망한다고 한다. 이는 계시록의 역사적 배경을 전혀 모르는 잘못된 해석이다.

요한계시록은 대 핍박 가운데 있는 성도들에게 쓴 편지로, 로마제국의 멸망을 말하고 있다. 아마겟돈 전쟁에서 멸망이란 로마제국에 도사리고 있는 사악한 권세와 죄악을 심판한다는 것이다.

그것을 증명하는 것이 바로 뒤이어 "큰 성이 세 갈래로 갈라지고 만국의 성들도 무너지니 큰 성 바벨론이 하나님 앞에 기억하신바 되어 그의 맹렬한 진노의 포도주잔을 받으매…"라고 했다. 계16:19 즉, 큰 성 바벨론은 로마제국을 뜻한다.

당시의 로마제국은 하나님의 백성을 핍박하는 사탄의 거대한 세력을 의미했다. 하지만 성도들은 로마제국의 가혹한 핍박을 이기고 결국은 승리할 것이다.

실제로 초대교회 성도들은 로마제국의 악한 권세를 종식시키고 하나님의 통치를 실현했다. 그것이 바로 AD 313년 밀라노 칙령이다. 계16:19 이처럼 초대교회 성도들과 악의 무리인 로마제국 간의 영적전쟁을 계시록 저자는 아마겟돈 전쟁으로 상징한 것이다.

그러므로 아마겟돈 전쟁이란 역사상의 실재 지역에서 발발하는 문자적인 의미에서의 전쟁이 아니라 하나님의 백성과 로마제국간의 치열한 영적 싸움을 말하는 것이다.

요한은 그 설명할 수 없는 전쟁을 설명하기 위해서 우주적인 비유와 묵시의 언어를 사용했다. 아마겟돈 전쟁을 인류 최후의 전쟁으로 보아서는 안 된다. 이것은 세상 종말론 자들과 유대교에서 주장하는 것이다.

기독교 종말론은 하나님의 나라를 이 땅에 실현하는 것이다. 성경은 핵전쟁을 말하고 있지 않다. 그렇다고 핵전쟁이 없다는 것은 아니다.

오늘날 우리는 핵전쟁의 위험에 노출되어 있는 것이 사실이다. 하지만 그리스도인들은 세상이 핵전쟁으로 망한다고 해서는 안 되고 핵전쟁을 막아서야 할 세상의 소금으로 책임 있는 사람들이다.

노스트라다무스나 마야의 달력을 근거해서 세상 종말이 온다고 떠들어 대는 것은 성경적 해석이 아니다. 이런 사상이 성도들 중에서도 은연중에 스며들어 있다.

천년왕국은 무엇을 의미하는가? 계20:1-6

천년왕국은 문자적 천 년이 아니라 예수 그리스도의 죽음과 부활을 통해 세상 안으로 침입해 들어온 시간의 충만($10 \times 10 \times 10$)에 대한 묵시적 표현으로 볼 수 있다. 계20:1-6

천년왕국은 하나님과 그리스도의 왕적 통치가 이미 우리 가운데서 실현되고 있다는 것이다. 천년왕국은 주님이 재림할 때 완성된다.

# 기도는 무엇이고 어떻게 해야 하는가?

오늘날 대부분의 성도들은 세상과 육신(죄성)과 마귀를 쳐서 이기지 못하고 있다. 왜냐하면 기도하지 않기 때문이다. 신앙생활에서 가장 중요한 행동이 기도이다. 기도를 통해서 신앙이 자라고 하나님을 만나기 때문이다. 그렇다면 기도는 무엇이며 어떻게 해야 하는가?

## 1. 기도란 무엇인가?

기도가 도대체 무엇인가 하는 질문은 기독교에 있어서 정말 중요한 질문이다. 사람들은 어떤 신을 믿든지 그 신들에게 복을 비는 기도를 한다. 그렇다면 기독교에서 기도도 단지 내 문제를 해결하기 위해 복을 비는 것일 뿐인가?

　기독교에서 기도를 무엇이라 정의하고 있는가? 그리고 어떻게 하는 것이 참된 기도인가? 교회에서 기도를 그토록 강조하는데 나는 왜 기도가 되지 않는가?

　우리가 하나님 앞에 기도한다는 것은 결코 쉬운 일이 아니다. 왜냐하면 눈에 보이지 않는 하나님 앞에 기도한다고 무릎을 꿇고 있으면 온갖 잡념들이 우리의 생각들을 지배하기 때문이다.

당신은 기도가 무엇이라고 생각하는가?

"지금까지는 너희가 내 이름으로 아무것도 하지 아니하였으나 구하라 그리하면 받으리니 너희 기쁨이 충만하리라." 요16:24

(1) **기도는 예수의 이름으로 구하는 것이다!**

　　　　　　　　　　　　　　　　　　　　　　　　　　　요16:24

기도는 헬라어로 '아이테오(aiteo)'인데 이것은 '구하다' '갈망하다' '욕망하다' '청구하다'라는 뜻으로 어느 경우나 구求한다는 뜻을 갖고 있다. 요16:24, 약4:2, 마7:7-11

하지만 성경이 말하는 기도는 자식이 무엇인가를 얻기 위해 부모에게 빌어서 얻는 것이 아니다. 마7:7-11 자녀이기 때문에 구할 수 있는 권리가 있는 것이다. 그 구하는 조건이 바로 예수의 이름인 것이다.

### (2) 기도는 주님과 대화하는 것이다.

하나님과 대화한다는 것은 무슨 뜻인가?

✏️　　　　　　　　　　　　　　　　　　　　　　　출33:11

기도는 자신의 모든 생활과 문제를 가지고 주님과 대화하는 것이다. 당신은 예수 그리스도를 믿게 되면 하나님의 자녀로서 하나님과 의사소통을 할 수 있는 특권을 갖게 된다. 그러므로 기도란 자녀가 아버지에게 말할 때처럼 자신이 하고 싶은 말을 하나님께 말하면 되는 것이다.

### (3) 기도는 영적전투이다.

기도는 하늘에 있는 악한 영들과의 영적인 싸움이다. 성도의 삶은 악한 영들과 끊임없는 영적싸움의 연속이다.

> 우리의 싸움은 피와 살을 가진 사람들을 상대로 하는 것이 아니라, 통치자들과 권세자들과 이 어두운 세계의 지배자들과 하늘에 있는 악한 영들을 상대로 하는 것입니다. 엡6:12
> 
> _ 표준 새번역

사탄은 끊임없이 성도를 공격한다. 어떻게 해야 사탄에게 승리할 수 있는가?

　　　　　　　　　　　　　　　　　　　　　벧전5:8

우리가 기도할 때 사탄이 쏘는 불화살이 무엇인지 알고 예수의 이름으로 사탄을 결박해야 한다. 엡6:16. 마18:18 그리고 사탄에게 '나사렛 예수그리스도의 이름으로 명하노니 (           )귀신아 떠나가라'고 명령해야 한다. 막9:25

예수는 영적전투에 대해서 "사람이 먼저 강한 자(사탄)를 결박하지 않고서야 어떻게 그 강한 자의 집에 들어가 그 세간(미움, 시기, 질투, 음란, 탐욕 등)을 강탈하겠느냐 결박한 후에야 그 집을 강탈하리라"고 했다. 마12:29

강한 자는 누구이며, 세간은 무엇이며, 어떻게 강한 자를 결박할 수 있는가?

마18:18

마귀는 강한 자이다. 주님은 사람이 마귀의 집 또는 거처라고 했다. 공중에 권세 잡은 마귀는 사람들의 육체와 정욕적인 생각들을 통해 사람 속에서 활동하고 있다. 강한 자는 사람들 속에 있는 죄를 통해 역사하고 있다. 하지만 더 강한 자이신 예수 그리스도의 이름으로 그 사람 안에 거하고 있는 더러운 귀신을 결박해야 한다. 그러므로 기도는 영적전투인 것이다.

## 2. 어떻게 기도해야 효과적인 기도를 할 수 있는가?

① '주여', 또는 '아버지'하고 부르짖어 기도해야 한다!

✎ _____ 시50:15

"어떤 과부가 불의한 재판관에게 가서 자기의 원한을 풀어달라고 밤낮으로 간구했다… 인자人子가 올 때에 세상에서 믿음을 보겠는가?" 눅18:1-8

기도의 기본은 부르짖는 것이다. 출2:23, 렘 33:3, 눅18:7 '주여', '아버지'하고 부르짖는 것은 내 마음이 어둠의 권세에 눌려있기 때문에 내 마음의 문을 열고 내 심령을 열어젖히는 것이다. 우리는 부르짖을 때 얽매였던 감정에서 풀려난다. 시32:3

② 내 안에 계신 주님을 의식하면서 기도해야 한다!

✎ _____ 골1:27

'너희 마음속에 계시는 그리스도가 곧 영광을 얻을 유일한 희망이시라' 현대어성경 골1:27 내 안에 계신 주님과 대화하는 기도는 습관적인 의식儀式이 아니라 인격적인 관계關係가 되어야 한다. 하나님과 대화하는데 미사여구를 사용할 필요가 없다. 또 마음에도 없는 말을 반복해서는 안 된다. 마6:7 주님께 기도하는 자는 반드시 내 안에 계신 주님을 의식해야 한다.

③ 성령 안에서 쉬지 않고 기도해야 한다! 엡 6:18

우리가 예수 그리스도를 믿게 되면 하나님의 자녀로서 하나님과 의사소통을 할 수 있는 특권을 갖게 된다. 그러므로 성령 안에서 기도의 특징은 방언이다. 방언은 자신의 영이 성령에 이끌려서 기도하는 것이다. 롬8:26 쉬지 말고 기도하려면 하늘의 언어인 방언으로 기도해야 한다. 나아가 방언은 우리의 영을 건축하고 주님의 임재 안으로 이끈다. 유1:20

④ 기도하기 전에 하나님을 찬양해야 한다!

행16:25

찬양은 성령님의 임재를 초청하는 것이다. 찬양은 내 마음에 성령님의 임재를 가져오도록 하기 위함이다. 성령의 임재 안에서 기도하는 것은 내 뜻대로 구하는 것이 아니고 성령이 말할 수 없는 탄식으로 구하는 것이다. 롬8:26

⑤ 어떤 문제를 놓고 기도할 때 주님의 뜻을 계속 물어야 한다.

요10:27

내가 어떤 문제를 놓고 기도할 때 성령이 떠오르게 하는 영감에 민감해야 한다. 이 때 성령 하나님은 우리의 마음속에 어떤 생각을 떠오르게 한다. 그것이 바로 성령의 조명이다.

## 3. 주기도문은 무엇을 말하고 있는가?

주님은 제자들에게 올바른 기도의 모범을 보여 주었다. 마6:9-13 주님이 가르친 기도의 내용이 무엇인지 살펴보자.

| 주기도문 | 주기도문 해설 |
| --- | --- |
| 하늘에 계신 우리 아버지 | '하늘에 계신'은 창공을 나타내는 하늘이 아니라 전능하시며 우리를 다스리는 분이라는 뜻이다. 즉 무한하신 하나님은 인간의 개념으로 표현할 수 없는 분임을 나타낸다. 하나님을 부를 때 인격적인 '아버지'라 했다. |
| 이름이 거룩히 여김을 받으시오며 | 하나님의 이름을 욕되게 하지 말라는 것이다. 중세 기독교에서 하나님의 이름으로 십자군 전쟁을 했고, 근대에서는 하나님 이름으로 전 세계를 식민지화 했다. 즉 하나님의 이름을 오용, 남용하지 말라는 것이다. |
| 나라(하나님의 나라)가 임하시오며 뜻이 하늘에서 이루어진 것 같이 땅에서도 이루어지이다 | 하나님의 나라는 예수와 더불어 지금 이 땅에 도래했고 앞으로 완성될 것이다. 그러므로 성도는 하나님의 뜻이 천국이 아닌 이 땅에 실현되기를 기도해야 한다. |
| 오늘 우리에게 일용할 양식을 주시옵고 | 하나님께 오늘 나의 삶뿐 아니라 우리 공동체의 삶에 필요한 것을 채워 달라고 간구하라고 했다. |
| 우리가 우리에게 죄지은 자를 사(용서)하여 준 것같이 우리 죄를 사(용서)하여…… | 내가 먼저 다른 사람의 죄를 용서해야 한다. 그 후 하나님께서 내 죄를 용서하여 주시기를 간구한다. |
| 우리를 시험에 들게 하지 마옵시고 다만(그러나) 악에서 구하시옵소서 | 하나님께서 우리를 돌보아 주셔서 우리가 사탄의 유혹에 빠지지 않게 되길 간구한다. |
| 나라와 권세와 영광이 아버지께 영원히 있사옵나이다. | 하나님께서 우리를 주관하시고 기도를 통해 모든 영광 받으시길 간구한다. |
| 아멘 | 내 기도가 진실로 이루어지길 |

주님은 우리가 첫 번째 구해야 할 것이 무엇이라고 했는가? 마6:10

하나님 나라는 내가 죽어서 들어가는 나라이기 전에 현재 내가 살고 있는 이 땅에 예수와 더불어 임한 주의 나라이다. 그러므로 성도는 가장 먼저 이 땅에 하나님 나라를 넓혀 나가기 위해 기도해야 한다.

'오늘 우리에게 일용할 양식을 주시옵고'는 무슨 뜻인가? 마6:11

주님은 성도들이 자기 자신 뿐 아니라 우리 공동체가 먹고 사는 것을 기도하길 원한다. 즉 기도는 내 문제뿐만 아니라 이웃의 고통과 아픔을 위해 기도하고 실천적인 행동을 하는 것이다.

주님이 주기도문에서 강조하는 것은 죄 지은 자를 용서하라는 것이다. 당신에게 상처 준 자가 누구인가? 당신은 상처 준 자를 용서할 수 있는가? 마 6:14-15

주기도문에서 시험에 들지 않도록 기도하라고 했다. 당신은 어떤 시험에 빠질 때가 많은가?

마6:13

나라와 권세와 영광이 아버지께 있다는 것은 무슨 뜻인가?

✏️

이 땅에 하나님이 왕으로 다스리는 나라와 그 나라를 유지하고 선한 약속들을 성취시킬 권세와 거기에 수반되는 모든 영광이 다 하나님께 속해 있다는 것이다.

주기도문에서 내가 깨닫게 된 기도의 방법은 무엇인가?

✏️ 마6:9-13

【참고】 주기도문의 하나님

하늘에 계신 아버지는 인간의 개념으로 설명할 수 없는 무한하신 분이며 모든 것의 근본이 되시며 우리를 다스리는 분이시다. 그 하나님은 모든 사람의 하나님이시며 우리 모두는 형제라는 의미를 동시에 포함한다.

그 하나님의 이름을 거룩하게 한다는 것은 세속으로부터 초월하라는 것이 아니라 하나님 이름을 오용 남용하여 하나님을 욕되게 하지 말라는 것이다. 즉 중세와 근대는 하나님의 이름으로 남의 나라를 침략하고 하나님의 이름으로 식민지화 했다.

## 4. 응답받는 기도는 무엇인가?

우리는 기도에 응답받기 위해 어떻게 기도해야 하는가?

첫째, 기도하기 전에 먼저 다른 사람들을 용서해야 한다.

✎ 막11:25

사람과의 관계가 막혀 있으면 하나님과의 관계도 막히게 된다. 즉 응답받기 위해서는 반드시 나에게 상처를 준 자를 주님의 십자가의 사랑으로 용서해야 한다.

둘째, 기도한 것을 하나님이 듣고 이루실 것을 확신해야 한다!

✎ 막11:24

기도할 때 전능하신 하나님이 응답 하신다는 것을 믿고 받은 줄로 믿으라고 했다. 즉 하나님이 지금 내 기도를 듣고 반드시 이루신다는 확신을 갖고 해야 한다. 약1:6-8

셋째, 하나님의 계명을 지키며 그 앞에서 기뻐하는 것을 행해야 한다!

✎ 요일3:22

성경의 가장 큰 계명은 하나님 사랑, 이웃 사랑이다. 마22:37-40 하나님을 사랑하는 자는 반드시 이웃에게 사랑을 실천해야 한다. 마25:31-46

그리고 하나님이 기뻐하는 것이 무엇일까 하며 스스로 질문해야 한다. 성경에 '담배 피우지 말라', '핸드폰에 빠지지 말라'는 구체적인 말씀은 없다. 그럴 때 판단 기준은 '이것을 과연 하나님이 기뻐하는가?' 하고 질문해야 한다.

넷째: 끝까지 인내하며 기도해야 한다!

눅18:1-8

하나님은 우리가 기도할 때 즉각 응답이 없다고 낙심하고 기도를 포기하는 것을 기뻐하지 않는다. 응답받는 기도는 거의 대부분 많은 시간을 인내하면서 기도할 때 역사한다. 합2:3

## 5. 기도 응답의 장애물은 무엇인가?

우리는 기도하지만 응답받지 못하는 경우가 많다. 성경에서 구求하는 것은 받을 수 있다고 했지만, 죄가 있으면 응답하지 않는다고 한다. 아래의 보기 중에 내가 범하기 쉬운 죄는 무엇인가?

① 마음속에 고백되지 않는 죄 사59:1-2, 시66:18

② 마음속에 우상이 자리 잡고 있을 때 겔14:3-5

③ 용서하지 않는 마음을 가질 때 마6:14-15

④ 성적인 음란한 생각과 음행 마5:28

⑤ 물질에 대한 탐욕의 죄 딤전6:10

⑥ 부부 관계에 불화가 있을 때 벧전3:7

⑦ 잘못된 동기로 구할 때 약4:2-3


## 6. 기도 응답의 세 가지 형태

우리가 하나님께 기도할 때 하나님은 세 가지 방식으로 응답하신다.

첫째, YES (즉각적인 응답)
히스기야는 죽을 병이 들었을 때 낯을 벽을 향하여 하나님께 눈물로 기도했다. 그때 하나님은 "내가 네 기도를 들었고, 네 눈물을 보았노라" 하고 3일 만에 고쳐주었다. 왕하20:5

둘째, NO (하나님의 거절)
바울이 세 번이나 주님께 자신의 고질적인 질병을 고쳐달라고 간구했다. 그때 주께서 "내 은혜가 네게 족하다 이는 내 능력이 약한 데서 온전하여짐이라" 하고 거절했다. 고후12:9

셋째, Wait (기다리라)
예언자 하박국이 여호와의 응답이 너무 늦어서 근심하면서 두 번이나 부르짖어 외쳤다. 그때 주께서 말씀하시길 "비록 더딜지라도 기다리라 지체되지 않고 정녕 응하리라"고 했다. 합2:3

당신은 기도할 때 어떤 형태의 응답을 받았는가?
✎ 창25:21

당신이 기도할 때 왜 즉각적인 응답이 오지 않는다고 생각하는가?
✎ 시40:1-2

우리의 기도가 하나님의 뜻에 합당할 때 즉각적인 응답이 온다. 하지만 하나님은 우리들의 기도에 대해 대부분은 인내하고 기다리기를 원하신다.

※ 성도는 자신의 기도 시간을 3분, 5분, 10분, 30분, 1시간 등의 단위로 정하고, 그 정해진 시간을 매일 빠짐없이 채우려고 노력하면 기도가 더욱 성장할 수 있다. 단6:10, 10:12-14

## 맺는말

신앙생활의 가장 중요한 행동은 기도이다. 기도 없이는 신앙생활을 할 수 없다. 기도는 하나님 자녀들의 특권이며 권리이다. 기도는 예수의 이름으로 구하며, 주님의 임재 속에 대화하는 것이며, 사탄의 권세를 이길 수 있는 강력한 무기이다.

그러므로 성도는 사탄의 유혹과 공격을 이기기 위해 주기도문 정신을 기초하여 매일 하나님과의 인격적인 관계 속에서 끊임없이 기도해야 한다.

기도하는 자가 주님이 주시는 풍성한 축복을 누리며 주님과 교제할 수 있고, 어둠의 권세를 이기며 승리할 수 있기 때문이다.

**암송 구절**

구하라 그리하면 너희에게 주실 것이요 찾으라 그리하면 찾아낼 것이요 문을 두드리라 그리하면 너희에게 열릴 것이니 구하는 이마다 받을 것이요 찾는 이는 찾아낼 것이요 두드리는 이에게는 열릴 것이니라. 마7:7-8

# 교회란 무엇인가?

한국교회가 심히 타락했다. 이제 많은 사람들은 기독교를 비난하는 차원을 넘어 사회의 장애물이나 공공公共의 적敵으로 몰아가고 있다.

교회가 왜 이렇게 되었는가? 그것은 대형교회 중심으로 비리가 끊임없이 터져 나오고 있기 때문이다. 권력지향주의, 성공주의, 물질주의, 성도덕 문란, 신학교육 부재, 성경에 대한 잘못된 가르침 등이 교회를 타락시키고 있다.

오늘날 기독교가 이처럼 타락하게 된 것은 교회의 정체성을 상실했기 때문이다. 교회가 도대체 무엇인가? 교회는 어떤 방향으로 나아가야 할 것인가?

## 1. 교회란 무엇인가?

사람들은 흔히 교회를 그저 기독교라는 종교 생활을 할 수 있는 하나의 건물이라고 생각한다. 하지만 교회는 그런 건물이나 장소를 뜻하는 것이 아니다. 그러면 교회란 도대체 무엇인가?

(1) 교회가 무엇인가?
교회에 대해 많은 사람들이 오해하고 있다.
다음의 문항 중 교회가 무엇인지 하나를 선택해 보자.
① 교회는 벽돌이나 콘크리트로 지어진 건물이다.
② 교회는 교단이나 교파이다.
③ 교회는 신학 교육을 받은 목사님이 운영하는 종교 단체이다.
④ 교회는 하나님의 택한 백성들인 성도들의 모임이다.

> 성경에서 말하는 교회는 헬라어로 '에클레시아(ekklesia)'를 번역한 말이다. 즉, '에클레시아'라는 말은 전령관(傳令官)의 부름을 받고 모인 사람들을 의미한다.

교회는 헬라어로 '에클레시아(ekklesia)'이다.
교회는 무엇이라고 말할 수 있는가?

마16:18

교회란 무엇인가? 하나님의 부름을 받아 예수를 구주로 믿고 영접한 구원받은 성도들의 무리이다. 그러므로 교회는 대지 위의 건물인 예배당을 말하는 것이 아니다. 즉 교회는 하나님의 부름을 받아 모인 거룩한 백성들이다.

(2) 교회는 어떤 신앙 고백 위에 세워지는가?

첫째, 베드로는 주는 '그리스도'라고 고백했다. 교회는 예수가 '그리스도'라는 고백 위에 세워졌다. 그리스도란 고백은 무슨 뜻인가?

마16:16

그리스도는 구약 성경의 히브리어의 '메시아'를 헬라어로 번역한 것이다. 예수는 이름이고 그리스도(기름부음을 받은 자)는 구세주라는 직책이다. 그리스도란 표현 속에는 십자가에 죽으시고 부활하사 하늘 보좌 우편에 계신 예수를 표현하는 의미가 있다.

둘째: '살아계신 하나님의 아들'은 무엇을 뜻하는가?

마16:16

하나님의 아들이란 표현은 하나님이 인간으로 나타나신 자, 아버지와 동일한 속성을 가진 자, 하나님으로부터 이 땅에 보냄을 받은 자라는 뜻이다. 요1:1,14, 8:29

셋째, "너는 베드로라 내가 이 반석 위에 내 교회(ekklesia)를 세우리라" 했다. 이 반석은 무엇을 뜻하는가? 어느 것이 옳다고 생각하는가? 마16:18

① 베드로와 같은 주님의 수제자인 교황을 상징한다고 했다. (천주교 주장)

② 베드로가 "주는 그리스도시요 살아계신 하나님의 아들"이라고 고백한 신앙 고백을 상징한다. (개신교 주장)

당신은 구주 예수를 어떻게 고백하는가?

당신은 교회가 어떤 신앙 고백 위에 세워진다고 생각하는가?

## 2. 교회는 어떤 형태를 띠고 있는가?

(1) 초대 교회 형태

가정에서 모이는 소그룹이었다. 각 지역 교회들 안에는 작은 모임으로 나눠졌다. 보통 가정에서 10~15명 규모로 모였던 소그룹들이 초대 교회들의 대부분의 모습이다. 고전16:19

그 이상이 되면 유기체 세포(cell)처럼 세포 분열을 통해 또 하나의 소小그룹을 만들었다.

### (2) 초대 교회 소小그룹(셀 공동체)의 특징

식사를 같이하며 말씀을 피차 가르치며 삶을 나누고 서로 죄를 고백하고 기도하는 신앙 공동체를 이루어 나갔다.

오늘날 교회도 초대 교회처럼 소그룹으로 가정에서 모이는 것이 바람직하다.

### (3) 소그룹의 형태

① 구역區域

② 외국에서는 셀(cell)이라 한다.

③ 가정 교회가 있다. 물론 성격은 약간씩 다르다.

- 구역 : 지역적인 모임(석남동, 읍내동, 센스빌 아파트) 특성이 강하다.
- 셀(cell) : 셀은 한국의 구역모임을 외국에서 변형한 것이다. 셀은 특히 동질적인 모임(남, 여, 취미, 직장, 나이 등)으로 편성한다.
- 가정 교회 : 남녀노소 아이 구분 없이 모이는 가족 중심적인 교회 형태이다.

당신은 교회의 어느 형태가 바람직하다고 생각되는가?

## 3. 목회자중심 교회와 평신도중심 교회가 있다.

교회의 형태는 크게 나누면 목회자중심 교회와 평신도중심 교회이다. 최근에는 제자훈련 영향으로 평신도중심 교회들이 생겨나고 있다.

(1) 목회자중심 교회의 특징은 무엇인가?

첫째, 목회자가 모든 것을 행하는 교회이다.

오늘날 한국 교회의 대부분이 목회자중심 교회이다. 한국교회 목회자들은 매일 새벽 설교, 수요 설교, 금요 설교, 주일 낮 설교, 밤 설교, 결혼 주례, 장례 집도, 환자 문병 등 모든 것을 주도한다.

목회자중심 교회는 담임목사 중심으로 부교역자들에 의해 움직이는 관료적 성격을 띠며 권위적이고 전통적이다. 전통적인 교회 운영을 고수하며 변화에 둔감한 편이다.

둘째, 프로그램 중심이다.

목회자중심 교회는 프로그램 중심이다. 교회에 많은 활동과 모임이 있고, 프로그램 중심으로 운영된다. 예) 성가대, 아버지 학교, 경로잔치, 남전도회, 여전도회 바자회, 노숙자 점심 제공 등을 행한다.

목회자중심 교회는 목회자들이 프로그램을 짜고 프로그램대로 운영하므로 교회의 성도들과 불신자들의 본질적인 필요가 무시된다. 눅10:25-37

셋째, 건물建物 중심이다.

목회자중심 교회는 대부분의 프로그램이 교회 건물에서 이루어진다. 교회를 성장시키기 위해 공간이 확보되어야 하기 때문에 건물에 많은 재정을 투입한다.

목회자중심 교회의 장단점은 무엇이라고 생각되는가?

(2) 평신도중심 교회의 특징은 무엇인가?

첫째, 제자화 된 리더가 중심이 된 평신도 사역자들에 의해 움직인다.

평신도중심 교회는 모든 그리스도인이 제사장이라는 것이 근본 원칙이다. 벧전2:9 평신도가 사역자로 훈련되어 인도하는 교회이다. 사역자는 성도들의 삶을 돌아보고 섬기는 종의 형태이다. 요13:12-15, 마23:10-12

둘째, 사람의 필요가 무엇인가에 중점을 둔다.

평신도중심 교회는 현재의 프로그램 중심에서 벗어나 사람들의 필요가 무엇인가에 초점을 둔다. 특히 예수를 믿지 않는 비신자들의 필요가 무엇인지 이해하고 그들을 사귀려고 노력한다.

그러므로 평신도중심 교회는 사람들을 교회 안으로 불러들이는 것이 아니라 교회 밖 비신자들의 가정과 직장을 찾아가서 관계를 맺고 그 현장에서 복음 전하는 것을 최우선으로 한다.

셋째, 공동체 중심이다.

평신도중심 교회의 사역은 성도들이 살고 있는 집과 직장 등으로, 사람을 섬길 수 있는 곳에서 평신도 사역자가 사역한다. 그러므로 평신도중심 교회는 비신자들을 예배당 안으로 불러들이지 않으므로 건물에 제한되지 않는다. 주일예배를 학교 체육관이나 회사 사무실을 빌려서 드리는 경우도 있다. 행2:42-47

평신도중심 교회의 장단점은 무엇이라고 생각되는가?

평신도중심 교회로 움직이려면 제자교육이 필수적이다. 잘 훈련된 평신도 사역자가 없으면 평신도중심 교회는 열매 맺기 어렵다. '열두제자'를 통해 평신도 리더 열두 명을 키워서 목회자중심 교회에서 평신도중심 교회로 전환하는 것이 바람직하다.

【참고】데이비드 핀넬 저 박영철 역, '셀교회 평신도 지침서', NCD 도서출판, pp.16-26 참조

## 4. 교회와 주님과의 관계는 무엇인가?

(1) 교회는 하나님의 가족이다.

교회가 하나님의 가족이라는 것은 무슨 뜻인가?

✎ 엡2:19

성도들은 하나님을 아버지라 부른다. 그러므로 성도들은 하나님의 자녀로 서로 간에 형제자매이다. 교회는 살아계신 예수를 주님으로 모신 사람들이 서로 삶을 나누는 가족공동체이다.

(2) 교회는 그리스도의 몸이다.

교회는 주님의 몸이라는 것은 무슨 뜻인가?

✎ 엡1:23

바울은 교회와 주님과의 관계를 사람의 머리와 몸의 관계로 비유하고 있다. 사람의 머리와 몸을 이룬 각 지체들은 뗄 수 없는 관계이다. 마찬가지로 주님과 교회 성도들과의 관계는 서로 뗄 수 없는 관계로 구성되었다. 모든 교회의 머리는 오직 한 분 예수 그리스도이며 모든

교회는 다 그의 몸이다.

**(3) 교회는 주님의 성령이 거하는 전이다.**

✎ 고전3:16, 6:19

교회는 성도들로 만들어진 살아 있는 성전이다. 즉, 교회의 주춧돌은 예수이다. 교회는 예수를 머릿돌로 지어져 가는 성전인 것이다. 엡 2:20-22

【참고】 성전聖殿은 무엇인가?

많은 사람들이 하나님의 성전을 예배당 건물로 생각하고 있다. 그것은 유대교의 잘못된 개념이다. 예수는 제사장 중심의 이권에 물든 타락한 성전 중심 제도를 책망하고 성전 파괴를 예언했다. 마21:12-13, 24:1-2, 렘 7:11

예루살렘 성전은 BC 19년에 공사를 시작해서 AD 64에 완성되었지만, AD 70년에 로마의 디도 장군에 의해 완전히 파괴되었다. 예수도 자기 자신을 성전이라 했다. 요2:20-21 바울도 '너희가 성전인 것과 하나님의 성령이 너희 안에 거하시는 것을 알지 못하느냐' 했다. 고전 3:16 즉, 성전은 예배당 건물이 아니라 성도 자신을 말한다. 고전3:16, 6:19, 고후 6:16

(4) 교회는 그리스도의 신부이다.

교회가 주님의 신부라는 것은 무슨 뜻인가?

✎ 고후11:2

교회가 주님의 신부라는 것은 교회는 주님의 유일한 사랑의 대상이라는 것을 의미한다. 주님의 신부인 교회는 신랑만을 사랑해야 한다. 마25:1-6

하나님과 인간 사이에 사랑의 관계가 마치 신랑과 신부 사이에 존재해야 할 사랑의 관계와 같기 때문이다. 교회는 생명 바쳐 사랑했던 주님의 사랑을 멀리해서 안 된다. 사54:5, 막2:19-20

## 5. 교회의 거룩한 예식은 무엇인가?

구약시대 하나님 백성들의 가장 중요한 두 가지 예식은 할례割禮와 유월절(Passover)이었다. 신약시대의 거룩한 예식은 주께서 세우신 세례와 성찬이다. 마28:19, 26:26-27

(1) 세례의 의미는 무엇인가?

✎

세례는 문자적으로 '물에 완전히 잠기는 것'이다. 즉, 세례는 죽음 혹은 심판과 관련된 상징이다. 세례는 우리가 죄와 세상에 대하여 죽었다는 선언이다. 롬 6:6,7,11,12,14 로마서는 세례가 그리스도의 십자가 죽음과 연합하는 것이라고 말한다. 롬6:3

【참고】
세례는 만 15세 이상 학습을 통해 주 예수를 자신의 구세주로 고백할 때 준다.
유아세례는 만2세 전에 부모 중 한편이 주 예수 그리스도를 믿을 때 줄 수 있다.

(2) **성찬의 의미는 무엇인가?**

성찬은 예수 십자가의 죽으심을 기억하게 하는 예식이다. 고전11:26
이것은 구약의 이스라엘 백성들이 유월절 어린 양의 피로 구원받았듯이 어린 양 예수의 피로 우리가 구원받은 것을 기념하는 예식이다. 하지만 단순한 기념만이 아니라 그리스도와 현재적인 거룩한 영적교제를 의미한다.

(3) **성찬 때 왜 떡과 포도주를 마시는가?**

고전11:23-26

찢은 떡은 찢기신 예수님의 몸을 상징하고 포도주는 십자가에 흘리신 예수의 피를 상징한다. (영적 임재설) 천주교에서는 예수께서 성찬식에 실제적으로 임한다는 견해에 입각해 성도들이 떡과 포도주를 먹을 때 그것이 예수의 살과 피로 변한다고 주장한다. (화체설化體說)

## 6. 교회의 5가지 사명은 무엇인가?

① 예배(하나님을 영화롭게 하는 일) : 롬15:6, 요4:23-24
② 복음 전파(온 세상에 복음을 전파하는 일) : 마28:18-20, 행1:8
③ 양육(교화하는 일과 양육하는 일) : 엡4:11-16
④ 교제(공동체 안에서 친교하는 일) : 롬12:2, 갈6:1-2
⑤ 봉사(선한 모든 것을 촉진하는 일) : 갈6:10, 마5:13-16

교회의 5대 사명 중 우리가 잘하고 있는 것과 부족한 것은 무엇인가?

## 맺는말

　교회라고 하는 것은 대지 위에 세워진 건물을 말하는 것이 아니라 하나님의 부름을 받아 모인 거룩한 백성들이다. 교회는 사람이 중심이다. 또한 교회는 하나님의 가족이며, 그리스도의 몸, 주님의 전, 주님의 신부이다.

　교회는 예수가 십자가에 죽으시고 부활하신 후 오신 성령님을 통해 세워진 새로운 신앙 공동체이다. 이 거룩한 교회 공동체는 그리스도로 하나 되어 이 땅에 하나님 나라를 전파하며 세상의 소금과 빛의 사명을 감당해야 한다.

　교회가 이 땅에 하나님 나라를 건설하기 위해서는 평신도를 제자화해서 목회자중심 교회에서 평신도중심 교회로 탈바꿈하는 것이 바람직하다.


### 암송 구절
　너희는 너희가 하나님의 성전인 것과 하나님의 성령이 너희 안에 계시는 것을 알지 못하느냐? 고전3:16

【 참 고 】

교회의 직분에는 어떤 것이 있는가?

(1) 집사執事

집사는 헬라어로 '디아코노스'(διακόνος)로 그 뜻은 '식탁이나 천한 일을 하는 시중드는 사람' 즉 '하인'이란 뜻이다. 집사는 섬기는 자이다. 딤전3:10

집사 직분에는 두 가지가 있다.

① 서리집사署理執事: 집사직의 직무대리로 임시직이다. 임기는 1년이고 당회에서 매년 자격을 심사해서 재임명한다.

② 안수집사按手執事: 안수집사는 교회의 재정과 행정을 담당하며 사회의 가난한 자를 구제하고 병든 자를 돌보는 직분이다. 행6:3-4

안수집사 자격은 무흠 입교 후 5년(교단마다 년 수와 연령에 차이가 있음.) 30세 이상 된 자로 공동의회에서 2/3 찬성으로 선출 받아 안수한다.

### (2) 권사勸士

권사(exhorter)는 병든 자나 성도들을 심방하고 믿음이 약한 자를 권면하고 비신자를 전도하는 직분이다. (장로교회와 감리교회는 권사의 기준이 각기 다름)

권사는 무흠 입교 7년과 40세 이상 된 자

### (3) 장로長老

장로의 뜻은 '연장자'라는 뜻이다. 즉 신체적으로 나이가 많고 영적으로 성숙한 그리스도인이다. 딤전5:17

장로의 임무는 새로운 성도들에게 신앙을 가르치며 교회의 모든 성도들의 신앙생활을 감독하고 훈육을 책임지는 자이다. 또한 교회 공동체를 조직적으로 관리하고 활동적으로 이끌기 위한 지도자이다. 행14:23

장로의 자격은 무흠 입교 7년 이상, 30세 이상 된 자로 교회의 공동의회(세례교인 이상) 2/3 찬성을 통해 선출하여 안수한다.

안수를 받아 장립된 일반 장로를 치리장로라 한다. 장로는 담임목사의 조력자이다.

장로들과 담임목사로 구성된 당회堂會는 교회의 머리를 차지하는 교회의 정치 및 행정, 영적인 일을 담당하는 교회의 최고 회의기관이다.

초대교회에서는 목사, 장로, 감독은 동일한 직분이었다. 딤전2:2, 딛1:5, 벧전5:1

"직분을 주신 이유는 성도들을 준비시켜, 봉사의 일을 하게하고, 그리스도의 몸을 세우게 하시려는 것입니다." 엡4:11-12 표준 새 번역

## ·· 성도란 무엇인가?

성도는 헬라어로 '하기오스($αγιος$)'이다. 엡1:1 이 말은 원래 '자르다' '분리하다'는 말에서 파생된 것이다. 죄로부터 분리된 것은 하나님께 헌신을 의미한다. 고전1:2, 고후1:1

성도는 거룩한 하나님을 섬기기 위해 죄와 세상으로부터 분리되어 하나님의 형상을 닮아가는 구별된 자들이다. 그러므로 집사도 장로도 목사도 다 성도이다. 다만 교회서 평신도를 성도라고 부를 뿐이다.

# 성령은 누구인가?

신앙생활은 보이지 않는 하나님을 경험하는 것에서 시작된다. 우리는 보이지 않는 하나님을 어떻게 경험할 수 있을까? 그것은 성령을 체험해야 한다.

성령체험에 대한 많은 간증들이 있다. 나는 원래 불신자로서 서울 구로세관에 다니던 중 속독학원을 다녔다. 매주 선생님이 어떤 주제를 주면서 발표하게 했다. 어느 날 원장 선생님이 "오늘은 김 선생님이 기도 좀 해 주시지요"라고 했다.

나는 처음에 망설였다. 기도해 본 경험이 없어서 기도할 수 없다고 했다. 그런데 원장 선생님은 막무가내로 기다리는 것이었다.

나는 할 수 없이 조그마한 소리로 '하나님 아버지…' 하는 순간 내 몸에 강력한 전기가 머리에서 발끝까지 흐르면서 나도 모르게 흐느끼기 시작했다.

더 이상 할 말을 잃었다. 그런데 놀랍게도 내 마음속에 전에 알 수 없던 기쁨이 샘솟는 듯했다. 훗날 나는 그때 나를 찾아오신 분이 바로 성령인 것을 알았다.

성령은 누구신가? 참으로 놀랍고 신비로운 분이시다. 눈으로 볼 수 없고 손으로 만질 수도 없지만 바람같이 찾아오시는 놀라우신 하나님이다.

초대교회 때 겁 많고 비겁했던 예수님의 제자들이 세상을 바꿀 수 있었던 것도 바로 성령을 강력하게 체험했기 때문이다. 놀라우신 성령! 당신은 과연 어떤 분인가?

## 1. 새로운 총사령관인 성령의 강림

예수께서 지상 사역 말기에 거듭 강조하신 것은 그가 가심으로 보혜사保惠師 성령을 보내겠다고 했다. 요16:17

예수는 가버리셨지만 제자들을 고아와 같이 버려두지 않고 요14:18 그 약속을 기다리는 교회 위에 성령을 부어주셨다.

예수가 약속하신 대로 오순절 날에 홀연히 하늘로부터 급하고 강한 바람 같은 소리가 저희 앉은 온 집에 가득했다. 그리고 불의 혀처럼 갈라지면서 제자들 위에 머물렀다. 행2:2-3

새로운 총사령관인 성령이 하늘을 가르시고 열흘 동안 기도하던 120명의 제자들에게 홀연히 임했다. 그 결과 제자들의 삶과 사역에 놀라운 변화가 일어났다.

겁 많던 제자들의 사역에 놀라운 변화를 가져온 것은 무엇 때문인가?

행2:14

## 2. 성령은 누구인가?

성령이 도대체 누구인가? 가장 알 수 없는 분이 성령이다. 왜냐하면 성령은 보이지 않기 때문이다. 하지만 성령을 모르고서는 예수를 믿을 수 없다.

성령으로 거듭나지 않고서는 하나님 앞에 나아갈 수도 없다. 교회는 다니지만 성령을 체험하지 못한 자는 아직 신자가 아니다.

일본의 신학자 우찌무라 간조는 "성령을 받지 못한 기독교인처럼 불쌍한 사람은 없다. 왜냐하면 그는 세상의 것을 가지지 못했을 뿐만 아니라 하늘나라의 것도 가지지 못했기 때문이다. 그는 세상을 이길 힘이 없으며 깨끗하게 되기를 힘써도 결코 깨끗해질 수 없다. 그는 성령을 받아야 한다. 그렇지 않으면 그는 불신자보다도 못한 사람이 될 것이라"고 했다.

즉 성령을 받지 않고 예수를 믿는다는 것은 불행한 일이다. 성도는 반드시 성령이 어떤 분인가를 알고 그분을 마음에 모셔야 한다. 왜냐하면 성령의 도우심 없이는 예수를 알 수도 없고 믿을 수 없기 때문이다.

그렇다면 성聖 삼위 중 세 번째 분인 성령은 누구신가? 성령은 안개와 같은 존재인가? 거룩한 유령(holy ghost)인가? 아니면 무엇인가?

(1) 성령은 유령이 아니고 인격적인 분이다!

그리스도인들이 흔히 저지르는 잘못 중 하나는 성령을 인격으로 보기보다는 하나님의 능력으로 본다. 여호와 증인들도 성령은 인격이 아니고 능력이라고 한다.

하지만 성령은 놀랍도록 자상하고 민감하고 긍휼이 풍성하신 인격적인 분이다. 그렇다면 성령이 과연 따뜻한 사랑과 긍휼을 가진 인격임을 어떻게 알 수 있는가?

첫째, 성령은 인간과 같은 지성知性을 가지고 생각하고 말한다.

행 8:29, 13:2

성령은 지성을 가지고 생각하고 말한다. 하지만 성령의 음성을 듣는다는 것은 극히 조심해야 할 일이다. 왜냐하면 수많은 이단들이 스스로 하나님의 음성을 듣고 계시를 받았다고 주장하기 때문이다. 오늘날 성령의 음성은 기도하는 중에 마음속에서 떠오르는 내적 확신이나 깨달음, 강한 영적인 느낌을 의미하는 것이다.

둘째, 성령은 인간과 같은 감정感情을 가지고 슬퍼하고 기뻐한다.

엡 4:30

바울은 '성령을 근심하게 하지 말라'고 했다. 우리 마음속에 미움, 분노, 용서하지 않음, 시기, 질투, 음란, 탐욕 등은 성령을 근심케 하는 것이다. 성령께서 근심할 수 있다는 것은 성령이 바로 감정을 가진 인격적인 분이기 때문이다.

셋째, 성령은 인간과 같은 의지意志를 가지고 활동한다.

고전12:11

성령은 주님의 뜻이 아닌 것은 의도적으로 막는 경우가 많다. 바울이 소아시아 북부로 복음을 전하려고 했는데 성령이 막은 것은 하나님의 뜻이 아니기 때문이다. 그런 후 바울은 소아시아를 떠나 동유럽 지역인 마케도냐 지방에 복음을 전했다. 행16:6-10

(2) **성령은 예수와 동일하신 주님이다.**

예수는 자신과 똑같으신 또 다른 인격자인 성령을 보낼 것을 약속했다.

성령이 예수와 똑같은 또 다른 인격자란 무슨 뜻인가?

✏️ 요14:16-17

성령은 예수와 똑같은 또 다른 인격자이다. 그는 생각하고, 사랑하고, 의지를 갖고 행동하는 분이다.

성령은 헬라어로 '파라클레토스'라 한다. 이 말을 번역하면 '위로하는 사람', '곁에 있어 주는 사람', '보혜사保惠師'이다. 성령은 영어 성경에서 '상담자', '위로 자', '돕는 자'로 번역되었다.

당신은 인격이신 성령의 도움을 받아 본 적이 있는가?

✏️ 행12:5-12

【참고】 성령은 우리 곁에 있으며 우리를 도우는 분이다. 여호와 증인들은 성령의 인격성을 부인하고 성령을 그것(It)으로 여긴다. 또한 신천지 이○○ 씨는 자신이 보혜사 성령이라 한다. 이는 성령을 모독하는 죄이다. 마12:32

(3) **성령은 여호와 하나님과 동일하신 분이다.**

구약: "여호와께서 가라사대… 너희가 듣기는 들어도 깨닫지 못할 것이요 보기는 보아도 알지 못하리라…" 사6:9-10

신약: "성령이 선지자 이사야를 통하여 너희 조상들에게 말씀하신 것이 옳도다…… 너희가 듣기는 들어도 도무지 깨닫지 못할 것이며

보기는 보아도 도무지 알지 못하는 도다". 행28:25-27

사도 바울은 이사야 선지자에게 말씀하는 분이 누구라고 했는가?

행28:25

## 3. 성령의 임재는 무엇과 같은가?

성령의 임재는 내적인 역사와 외적인 역사가 있다. 내적인 역사는 성령은 예수를 구주로 시인하는 신자 속에 임하여 내주한다. 요14:16-17 외적인 역사로는 불, 지진, 번개, 우레, 폭풍, 바람 등 외적 표상으로 나타났다. 출3:2, 13:21 성령의 임재는 다양한 표현으로 비유되고 있다.

(1) 바람 : 성령은 바람과 같이 임재 한다.

성령과 바람의 역사는 너무 흡사하다. 바람은 보이지 않지만 불어옴을 몸으로 느낀다. 마찬가지로 성령의 임하심도 마치 바람이 불어오듯이 어디선가 불어오는 거룩한 영의 임재를 내 영이 느끼는 것이다.

오순절 날 '홀연히 하늘로부터 급하고 강한 바람 같은 소리가 있어

저희 앉은 온 집에 가득하며' 하고 하듯이 성령은 급하고 강한 바람처럼 제자들에게 임했다. 행2:2

당신은 바람처럼 임하는 성령의 임재를 느껴본 적이 있는가?

요3:8

우리는 공기의 움직임을 볼 수 없지만 느낌으로 안다. 마찬가지로 성령의 임재도 보이지 않지만, 마치 바람이 불어오는 것과 같은 느낌으로 알 수 있다.

(2) 불 : 성령은 불과 같이 임재 한다.

우리가 한참 기도하다보면 온 몸이 따뜻하거나, 손, 머리, 등판 부분에서 따뜻하게 느껴질 때가 있고, 가슴에서 뜨거움을 느껴질 때가 있다.

성령은 우리가 병든 자를 위해 간절히 기도할 때 뜨거운 불로 임하여 치유하기도 한다.

당신은 불과 같이 임하시는 성령을 느껴본 적이 있는가?

하나님은 시내산 광야 불타는 떨기나무에서 모세를 찾아왔다. 출3:2 하나님은 희생 제물을 받으실 때도 불로 응답했다. 왕상18:38 오순절 날 제자들에게도 불의 혀처럼 임했다. 행2:3-4

⑶ 생수 : 성령은 생수와 같이 흐른다.

생수는 모든 죽어가는 것들을 소생시킨다. 물이 생명의 근원이듯이 성령은 영적 생명의 근원이다. 인생에 목마른 자는 성령을 체험해야 한다.

물이 흐르는 곳마다 나무들이 살아나고 열매가 맺는 것처럼 성령이 임하는 곳에 메마른 심령이 살아나고 치료된다. 겔47:1-12

예수는 초막절 명절 끝 날에 목마른 사람들이 자신에게 나아오면 그 배에서 생수의 강이 흘러나오리라고 했다. 즉 심령 깊은 곳에서 마치 생수의 강이 흘러나오듯이 성령을 체험할 것이라 했다. 요7:37-39 마음 깊은 곳에서 역사하는 성령을 느껴본 적이 있는가?

요7:37-39

성령은 내적 갈급함을 채워 주는 생수처럼 욕구불만, 의욕을 잃어버린 자, 낙심한 인생들에게 새로운 생명을 불어넣어 준다.


⑷ 비둘기 : 성령은 비둘기처럼 임한다.

'예수께서 세례를 받으시고 곧 물에서 올라오실 새, 하늘이 열리고 하나님의 성령이 비둘기와 같이 내려 자기 위에 임하심을 보시더니'라고 했다. 마3:16

비둘기는 순결, 평화, 온유함의 상징이다. 성령은 성결의 영이시다. 요1:32

성령이 영혼 속에 들어온 사람은 그 성품이 비둘기와 같이 온유하게 바뀔 것이다.

당신은 순결하고 거룩한 성령의 임재를 느껴 본 적이 있는가?

요1:32

성령은 성결의 영이다. 그러므로 성령의 임재를 체험한 자는 그 성품이 마치 비둘기처럼 순결하게 변화된다.

(5) 기름 : 성령의 임재는 마치 기름부음과 같다.

구약에서 기름 부음의 의미는 하나님의 거룩한 사역을 위하여 특별히 구별된 자들에게 기름을 부었다. 그로 인해 그들에게 하나님의 신이 임재하였다.

당신은 성령의 기름부음을 받아본 경험이 있는가?

요일2:20

예수 믿는 자들을 그리스도인이라 한다. 그리스도의 뜻은 기름 부음을 받은 자이다. 성도들이 성령의 임재를 사모할 때 기름 부어 달라고 기도한다. 기름 부음은 성령의 충만함을 받는 것을 의미하기도 한다. 행10:38

## 4. 성령을 어떻게 표현했는가?

① 새로운 영 - 하나님은 언젠가 백성들에게 새로운 영靈을 부어 줄 것을 약속했다.

겔36:26-27

하나님은 에스겔을 통해 그의 영靈을 우리 속에 불어넣어 줄 때 돌 같은 우리의 마음이 변화되어 부드러운 마음이 될 것이라고 했다.

② 하나님의 신 - "내가 내 영을 만민에게 부어주리니"

욜2:28

"그 후에 내가 내 영을 만민에게 부어 주리니 너희 자녀들이 장래 일을 말할 것이며 너희 늙은이는 꿈을 꾸며 너희 젊은이는 이상을 볼 것이며…"

③ 아버지의 약속하신 것 - 예수는 제자들에게 '아버지의 약속하신 것'을 기다리라'고 했다.

눅24:49

예수는 승천하신 바로 그날 제자들에게 마지막으로 부탁하길 예루살렘을 떠나지 말고 내게 들은바 '아버지의 약속하신 것'을 기다리라고 했다. 행1:4

## 5. 성령을 영접하라.

성령을 영접한다는 것은 무슨 의미인가?

요16:13, 계3:20

성령은 예수를 믿어 구원받은 자 안에 내주한다. 롬8:9 비록 성령이 우리 안에 내주한다고 해도 아직 남은 일이 하나 있다. 우리가 성령을 가장 귀한 분으로 영접하는 것이다.

성도는 성령을 가장 귀한 분으로 영접해야 한다. 성도가 성령을 영접하지 않는 것은 살아계신 하나님을 외면하는 것이다. 우리는 성탄절에 예수가 이 땅에 오심을 온 세상과 함께 떠들썩하게 환영한다. 그런데 예수와 똑같으신 또 다른 인격자인 성령의 오심에 대해서는 너무도 무관심하다.

성령은 예수가 승천 한 후 10일 만에 기도하는 성도들에게 강림하여 교회를 탄생시키고 제자들을 놀랍게 변화시켜 땅 끝까지 복음을 전파하게 했다.

초대교회 제자들의 전도사역은 성령의 역사였다. 초대교회에만 성령이 역사하는 분이 아니라 지금도 성령은 우리 가운데 역사하고 있다. 그분은 눈에 보이지 않지만 현존하며 우리와 함께 하는 전능하신 하나님이다. 그런데 우리는 보이지 않는 귀하신 성령에 대해 너무나 소홀하게 대하고 있다.

성도들은 성령을 무시하지 말고 인정하고 환영하고 영접해야 한다. 성령은 정말 귀한 분이기 때문이다. 당신이 그리스도를 영접할 때 성령은 당신 안에 내주한다. 그렇지만 당신은 그 귀하신 분인 성령을 인정하지 않고 모르고 있는 것은 아닌가?

당신은 성령을 인정하고 영접했는가?

요14:17

당신이 이 시간 인격적인 성령께 한마디 한다면 무슨 말을 할 것인가?

요14:16

## 맺는말

　성령은 유령이 아니고 인격이신 전능하신 하나님이다. 성령은 예수와 똑같으신 분이며 또 다른 인격자이다.
　성령은 구약의 여호와와 같은 분이며 주 예수와 동일하신 분으로 지성, 감정, 의지를 가진 따뜻한 인격자이다.
　성령은 불, 바람, 생수, 비둘기, 기름부음같이 임재하며 우리에게 각양 좋은 은사들을 부어주신다. 오늘 우리가 성령을 인정하고 만날 때 세상이 알 수 없는 큰 기쁨이 있을 것이다.
　그러므로 당신이 그리스도인으로써 세상과 마귀를 이기고 풍성한 삶을 누리려면 반드시 성령을 인정하고 영접해야 한다.


　암송 구절
　내가 아버지께 구하겠으니 그가 또 다른 보혜사를 너희에게 주사 영원토록 너희와 함께 있게 하리니. 요14:16

# 어떻게
# 성령의 인도를 받는가?

우리가 인생을 살아갈 때 수많은 선택의 기로에 설 때가 많다. 세상 사람들은 결혼, 사업, 입학, 이사, 진로 등의 삶의 중요한 일을 결정할 때 흔히 점을 보거나 무당을 찾아가서 물어본다.

그러면 성도들은 중요한 일을 결정할 때 누구에게 가서 물어보아야 하는가?

성도는 중요한 일을 결정할 때 성령에게 물어보아야 한다. 하지만 많은 성도들은 성령에 대해서 별 관심이 없다. 왜냐하면 성령의 인도하심에 무지하거나 성령을 의지하는 것이 습관화 되어 있지 않기 때문이다.

또는 성령의 인도하심이란 기도를 많이 하는 특별한 사람들이나 받는 것으로 오해하고 있다. 하지만 성령은 주를 믿는 모든 성도들의 영靈 안에 내주하고 있기 때문에 성령의 인도는 누구나 받을 수 있다.

당신은 매일의 삶 속에서 성령의 인도하심을 받는가?

---

여호와께서 너를 항상 인도하여 메마른 곳에서도 네 영혼을 만족하게 하며 네 뼈를 견고하게 하리니 너는 물댄 동산 같겠고 물이 끊어지지 아니하는 샘 같을 것이라. 사58:11

## 1. 성령은 과연 인생을 인도하는가?

성령이 과연 인생을 인도하는가? 성도가 성령의 인도를 받는다는 것은 놀라운 축복이다. 성령은 우리를 사랑하고 인도하시는 경우가 허다하다.

내가 어느 수요일 날 평소 찾아갔던 노인이 아파서 아들 집으로 갔다고 해서 문병 차 그곳을 찾아갔다. 이전에 한번 찾아갔던 길인데 아무리 찾아도 찾지 못했다. 수요예배도 있고 해서 그만 돌아갈까 생각했다.

그러다가 나는 "성령은 나를 인도하시는 분이시지" 하고 그 자리에 서서 "주님 그 집으로 좀 인도해 주소서" 하며 잠깐 기도했다. 그러자 성령께서 바로 얼마 떨어지지 않는 곳에 있는 그 집으로 나를 인도했다.

성경은 하나님이 자기 백성을 인도한다고 계속해서 말하고 있다. 성령 하나님이 우리를 인도하시는 목적이 무엇일까?

✎ 렘29:11

하나님은 온 세상의 주인으로서 우리를 향하신 계획은 언제나 평화이지 재앙이 아니다. 우리에게 밝은 미래를 열어주는 것이 하나님의 계획이다.(현대어 성경)

성령 하나님은 우리 인생의 갈 길을 지시하고 가르친다.

✎ 시32:8

하나님은 우리 한 사람 한 사람을 항상 주목하고 있다. 당신이 이 놀라운 사실을 안 믿을지 몰라도 실제 하나님은 당신을 늘 주목하고 있다.

성령 하나님은 우리가 죽을 때까지 인도하신다고 했다.

✎ 시48:14

하나님은 어떤 특별한 순간 성도들이 기도할 때만 인도하는 것이 아니라 우리 인생이 끝날 때까지 항상 함께 하며 인도한다.

## 2. 왜 하나님은 우리를 인도하시는가?

① 하나님은 우리의 아버지이고 우리는 그분의 _____ 이기 때문이다.

무릇 하나님의 영으로 인도함을 받은 사람은 곧 하나님의 아들이라. 롬8:14

② 예수는 우리의 _____ 가 되기 때문이다.

목자는 자기 양의 이름을 하나하나 불러내어 밖으로 데리고 나간다. 요10:3 현대어 성경 목자가 양을 인도하는 것은 지극히 정상적인 일이다.

③ 성령은 우리의 _____ 가 되기 때문이다.

보혜사保惠師인 성령은 영원토록 우리와 함께 하시며 우리를 인도하신다. 요14:16-17

## 3. 하나님의 뜻을 어떻게 알 수 있는가?

성도들은 하나님의 인도를 받을 수 있다. 그런데 문제는 어떻게 하나님의 뜻을 알 수 있느냐 하는 것이다.

【참고】

− 하나님의 일반적인 뜻 −

성경에 기록된 보편적인 규범들과 훈계들이다. 우상 숭배하지 말라, 주일을 거룩히 지키라, 간음하지 말라, 항상 기도하라, 비난하지 말라, 복음을 전파하라, 가난한 자를 돌아보라 등 딤후3:16, 롬13:7, 고후6:14

− 하나님의 개별적인 뜻 −

일반적인 뜻 외(外)에 하나님이 오늘 나에게 개별적으로 말씀하시는 것이 있다. 이것이 바로 개별적인 뜻이다. 개별적인 뜻은 각 사람의 필요에 따라 다르다.

(1) **하나님 말씀을 통한 인도**

나를 향한 하나님의 개별적인 뜻이 언제나 성경에 분명하게 나타나 있지 않다. 하지만 우리가 성경을 진지하게 묵상할 때 그 말씀이 나를 인도할 때가 있다.

하나님께서 나에게 개별적으로 하시는 말씀을 어떻게 들을 수 있는가?

> 수1:8

하나님이 개별적으로 하는 말씀을 들으려면 날마다 하나님의 말씀을 깊이 묵상하고 물어야 한다. 우리가 매일 성경을 읽고 묵상할 때 그 말씀이 우리가 처해 있는 상황과 환경에 맞게 깨닫게 해 준다.

### (2) 기도를 통한 인도

성령의 인도를 받는 가장 보편적인 방법은 그 문제를 놓고 기도할 때이다. 어떤 문제를 놓고 시간을 정해 기도할 때 성령은 우리의 길을 인도한다.

① 성령은 분명한 음성으로 말씀하시는 경우가 있다.

> 삼상3:10, 행13:2-3

우리가 성령의 인도를 받으려 할 때 하나님에게 일방적으로 자기 말만 하지 말고, 끊임없이 물어보면서 성령의 뜻을 의도적으로 들으려고 해야 한다. 특히 기도 후에 성령의 음성을 들으려고 기다리는 습관을 가져야 한다.

② 성령은 어떤 선한 생각 혹은 강한 인상을 통해 말씀한다.

> 빌2:13

어떤 문제를 놓고 기도할 때 마음에 선한 생각이 계속적으로 올 때가 있다. 그것은 바로 성령이 주시는 것이다. 하지만 성령으로부터 온 것인지 악령으로부터 온 것인지 시험에 볼 필요가 있다. 요일4:1
성령의 역사는 반드시 덕을 세우고 위로하고 격려하는 것이다. 고전14:3 그러나 악령의 역사는 충동적이고 마음을 불안하게 한다. 만약에 그 선한 생각을 자신의 형편과 처지에 맞지 않는다고 억제하거나 자제하면 성령의 뜻을 이룰 수가 없다. 그뿐 아니라 불순종으로 인한 고통과 손실도 따를 수 있다.

## (3) 예언을 통한 인도

행11:27-30

성경에서 예언이라 하면 미래를 점치듯이 말하는 것이 아니다. 구약시대의 이사야, 예레미야 예언자들은 하나님의 말씀을 전한 설교자들이었다. 신약에서 예언이라 함도 마찬가지로 기도 중에 하나님의 말씀이 임하는 것이다. 그 때 임하는 하나님의 말씀은 사람들을 교훈하고 교회에 덕을 세운다.

그러므로 성도들이 직통계시와 예언의 은사를 받았다는 거짓 예언자들을 찾아가서 기도 받는 것은 조심해야 한다. 겔13:1-7, 요일4:1 자기 문제는 자기가 기도해서 응답받을 수 있도록 꾸준히 기도하는 것이 영적 성장에 중요한 것이다.

### (4) 꿈과 환상을 통한 인도

마1:20, 행16:6-10

환상은 기도하는 가운데 비몽사몽 간에 보이는 영적 현상이다. 하지만 말씀과 기도보다 환상과 꿈을 앞세워서는 안 된다. 왜냐하면 환상이나 꿈은 헛된 것이 많기 때문이다. 전5:7

### (5) 상식을 통한 인도

딤후2:7

성경은 우리가 이성理性을 사용하는 것을 제재하는 것이 아니다. 하나님은 우리의 상식을 통해 인도한다. 그러므로 우리는 바른 판단과 선택을 위해 기도를 많이 해야 한다. 우리가 많이 기도할수록 영적인 직관력이 명민해지기 때문이다.

상식常識을 무시하고 자기 욕심에 끌려 기도하고서 성령의 인도를 받았다고 해서는 안 된다. 혹 어떤 사람은 무슨 일을 하던 하나님의 인도를 받았다며 비상식적이거나 자기 생각에 얽매여서 잘못된 행동을 하는 경우가 있다. 그리하여 스스로 심리적 혼란을 자초하게 된다.

### (6) 기도하는 그리스도인의 권고를 통한 인도

잠12:15

'미련한 자는 자기 행위가 바른 줄로 여기나 지혜로운 자는 권고를 듣느니라' 잠12:15

'의논이 없으면 경영이 무너지고 지략이 많으면 경영이 성립하느니라' 잠15:22

성도들이 중요한 결정을 할 때 자기 혼자 결정해서 실수를 저지를 때가 많다. 중요한 일을 결정할 때는 목회자와 기도하는 사람들의 충고에 귀담아들을 줄 알아야 한다. 잠12:15, 15:22

### (7) 일상의 환경을 통해 인도

 행16:7

하나님께서는 우리가 원했던 것을 닫을 때가 있고 뜻하지 않게 열 때가 있다. 그러므로 닫힌 문을 보고 실망해서는 안 된다. 우리의 삶에서 내 의지로 되는 것보다는 주변의 상황이 그 일을 만들어 가는 경우가 많다. 그러므로 우리는 성령의 인도에 민감할 줄 알아야 한다. 왜냐하면 사소하게 보이는 것도 성령의 인도로 인하여 하나님의 뜻을 이루는 특별한 기회가 될 수 있기 때문이다. 즉 가장 평범하게 보이는 것이 영원한 결과들을 초래할 수가 있기 때문이다.

### (8) '조건 제시'를 통한 인도

 삿6:36-40, 창24:14

"기드온이 여호와께 여짜오되 주께서 이미 말씀하심 같이 내 손으로 이스라엘을 구원하시려거든 보소서 내가 양털 한 뭉치를 타작마당에 두리니 이슬이 양털에만 있고 사면 땅이 마르면 주께서 이미 말씀하심 같이 내 손으로 이스라엘을 구원하실 줄 내가 알겠나이다."
삿6:36-37

"그 가운데 한 처녀에게 이렇게 말하렵니다. '아가씨, 물 항아리를 내려 내게 물을 마시게 해 주시오' 그때 그 아가씨가 '예, 어르신. 어르신의 낙타에게도 물을 먹이겠어요'하고 말한다면 그 아가씨가 바로 우리 도련님 이삭의 짝으로 하나님이 정해 놓으신 아가씨인 줄 알겠습니다" 창24:14 현대어성경

조건 제시를 통한 인도는 어떤 문제를 놓고 기도할 때 "만약… 하시면 주님의 뜻으로 알겠습니다"하고 조건을 제시하고 기도할 때 인도받는 방법이다.

### 당신은 어떤 일을 성급하게 결정해서 실수한 적은 없는가?

창16:2, 히6:15, 롬8:28

하나님은 급할 것이 없다. 그의 인도하심에는 종종 긴 시간이 요구된다. 인내는 기도의 가장 중요한 요소이다. 당신이 긴급하다고 해서 하나님이 긴급한 것은 아니다. 하나님은 모든 상황을 다 예견하고 있다. 하나님은 그 상황이 최대의 결과를 가져오기에 언제가 가장 적합한지 알고 있다. 하나님이 정하신 때가 가장 좋은 것이다.

## 맺는말

성도는 중요한 일을 결정할 때 우리 삶을 인도하는 성령께 물어야 한다. 성령은 하나님 백성들의 모든 삶에 관심을 가지고 인도하기를 원하기 때문이다.

하지만 많은 성도들이 성령의 인도하심에 별로 관심이 없으므로 그분의 인도를 받으려고 하지 않는다. 혹 관심은 있지만 인도 받지 못하는 것은 육신대로 살고 있기 때문이다.

성령의 인도를 받으려면 우리가 주님을 마음의 중심에 모시고 매일의 삶 속에서 순간순간 성령의 인도를 받으려고 의도적으로 노력해야 한다. 그리하면 당신은 풍성한 삶을 누리게 될 것이다.


### 암송 구절
내가 네 갈 길을 가르쳐 보이고 너를 주목하여 훈계하리로다. 시32:8

# 어떻게
# 영적 전쟁에서 승리할 것인가?

　요즘 성도들은 영적전쟁에 대해 별반 관심이 없다. 그리하여 마귀들의 공격에 짓눌려 신앙생활에 진보를 이루지 못하고 있다. 이것은 칼빈주의자인 프린스턴 신학교의 벤저민 워필드(B. B. Warfield)박사가 신유, 방언, 예언, 축사(귀신 쫓아내는 일)는 초대교회 시대에 이미 끝났다고 가르쳤기 때문이다.

　최근에는 온통 포켓몬(Pokemon) 게임 열풍에 귀신이 두려움의 대상이 아닌 귀여움의 대상이 되었다. 포켓몬의 이름은 주머니(poket) 속의 괴물(demon), 즉 주머니에 간편하게 휴대하고 다닐 수 있는 귀신게임을 말한다. 포켓몬의 동물들이 얼마나 귀엽게 묘사했는지 이제는 귀신에 대한 이미지가 즐거움의 대상이 될 정도이다

　하지만 귀신은 무시해야 할 대상도 아니고, 포켓몬처럼 귀여움의 대상도 아니다. 귀신은 실제 인간 영혼을 파괴하는 강력하고 무서운

악한 영적 세력이다. 귀신은 우리 육신의 눈에는 보이지 않지만, 실제적으로 활발하게 움직이고 있는 인격적인 악한 영들이다.

손자병법에 말하길 '지피지기知彼知己 백전백승百戰百勝'이라 했다. 성도는 반드시 악한 영들의 실체를 바로 알아야 영적 전쟁에서 승리할 수 있다.

## 1. 귀신의 정의와 실제적 이해

### (1) 귀신의 정의

한국의 유구한 역사는 우상숭배의 역사이자 마귀 숭배의 역사라고 해도 과언이 아니다.

마귀는 조상 숭배를 빙자한 제사, 점, 굿, 토정비결, 역술, 각종 기우제, 산신제, 해신제 등을 통하여 사람들의 삶을 지배해 왔다.

한국 유교와 무속에서 귀신들의 정체를 무엇이라고 하는가?

유교와 무속에서는 사람이 죽어서 정당한 조의弔意를 받지 못하면 악귀惡鬼가 된다고 한다. 그러므로 우리나라는 유교 사상과 한국 제례 사상이 혼합되어 조상숭배라는 미명 아래 귀신들을 섬기고 있다. 고전 10:20 제사를 지내는 이유는 후손들이 재앙을 면하고 조상이 내리는 복을 받기 위한 것이다.

성경에서는 귀신들의 정체를 무엇이라고 하는가?

✎ 벧후2:4, 유1:6, 계12:7-9

성경에서는 귀신들의 정체를 죽은 조상이 아니고 타락한 천사들로서 영적인 존재들로 규정하고 있다. 즉 귀신들은 악한 영, 공중의 권세 잡은 자, 어둠의 영들이다. 엡2:2, 6:12

성경에서는 귀신들의 우두머리를 무엇이라고 하는가?

✎ 계12:9

귀신들의 우두머리를 마귀 혹은 사탄 혹은 옛 뱀이라고 한다. 마귀(사탄) 밑의 부하들인 어둠의 영, 혹은 악한 영들이 있다. 이것들이 우리와 관계하는 귀신들이다. 엡6:12 귀신들은 총칭으로 부를 때 마귀 혹은 사탄이라고 한다.

## 2. 마귀(사탄)는 어떤 자인가?

지금 세계 도처에서 사탄의 세력이 다양한 방법으로 역사하고 있다. 성경은 자기 지위를 지키지 않고 떠난 타락한 천사들, 어둠의 영들, 즉 귀신들이 지금도 여전히 하나님과 그의 자녀들을 대적하고 있다는 사실을 분명히 가르친다.

사탄은 비록 예수의 십자가 사역으로 치명타를 입었지만, 아직까지 강력한 힘을 갖고 우는 사자처럼 삼킬 자를 찾고 있다. 골2:15; 계12:9

### (1) 유혹자이다

당신의 생각과 행동은 어떤 것에 가장 많은 유혹을 받고 있는가?

_____ 창3:1-5

사탄은 히브리어로 하나님을 대적하는 '대적자'이다. 하나님을 대적하는 방법이 바로 인간을 유혹해서 그 영혼을 타락시키는 것이다. 창3:1-5, 계12:9-12 특히 현대는 음란의 영이 수많은 사람들을 유혹하고 있다. 성도는 성적 유혹을 각별히 조심해야 한다. 엡5:3

### (2) 참소자讒訴者, 비난자이다

당신이 느끼는 감정 중 열등감, 자기비하는 어디서 온다고 생각되는가?

_____ 계12:10

마귀는 헬라어로 '다이몬(δαίμων)'이다. 마귀를 해석하면 '참소자', '비난자', '고소자'란 뜻이다. 마귀는 우리 자신을 끊임없이 '무가치하고 쓸모없는 인간'으로 비난하고 정죄하므로 사람들로 하여금 열등의식과 무가치함에 빠지게 한다. 엡 6:16

(3) 세상 임금이며 세상의 신神이다.

마귀는 이 세상의 임금이며 세상의 신神으로 세상 권력자의 생각과 행동을 지배하므로 세상을 통치하고 있다. 이것을 생각하고 느껴본 적이 있는가?

✎ _____ 요12:31, 14:30

악한 정치권력의 뒤에는 반드시 사탄이 역사하고 있다. 그 악한 권력은 마귀의 힘을 빌려서 세상을 통치하고 있다. 세계정부를 꿈꾸는 신세계질서(New World Order, NWO)는 광명의 천사로 가장한 어둠의 세력들이다. 고후11:14-15

당신은 왜 불신자들이 복음을 잘 받아들이지 않는다고 생각하는가?

✎ _____ 고후4:4

(4) 속이는 자이며 거짓말쟁이다.

주님은 마지막 시대에 가장 먼저 나타나는 특징이 무엇이라 했는가?

✎ _____ 마7:15, 24:4-5, 11

예수는 첫 번째 설교(산상 설교)를 마무리하면서 '마귀에게 속지 말라'고 했다. 마7:15 주님은 마지막 설교(종말 설교)를 마무리하면서도 거짓 선지자들에게 미혹을 받지 않도록 주의하라고 했다. 마24:4-5, 11

마귀는 무당이나 신접한 자를 통해 죽은 사람의 목소리와 행동을 흉내 내며 거짓말로 사람을 미혹한다.

✎ 요8:44

(5) 멸망자, 파괴자이다

귀신들은 사람을 유혹하고 참소하고 비난하여 그 영혼을 멸망시키는 자이다.

✎ 계9:11

마귀는 성도를 넘어뜨리고 망하게 하려고 혈안이 되어 있다. 마귀는 사람들의 영혼을 영원한 멸망으로 이끄는 것이 목적이기 때문이다. 벧전5:8

## 3. 마귀는 어떻게 인간을 공격하는가?

마귀는 타락 이래로 하루도 쉬지 않고 성도들을 공격하기 위해 혈안이 되어 왔다. 지금 마귀는 자신의 때가 얼마 남지 않았음을 알고 더욱더 성도들을 넘어뜨리고 망하게 하기 위해 찾아다닌다. 벧전5:8, 욥2:2

(1) 외적 공격

첫째, 마귀는 질병을 통해 인간의 신체를 공격한다.

눅13:11-13

많은 불치병과 고질병은 마귀가 주는 경우가 더러 있다. 특히 오래된 병일수록 미움과 분노로 인해 생기는 경우가 허다하기 때문이다.

둘째, 마귀는 물욕을 통해 공격한다.

재물을 헬라어로 '맘모나(μαμμώνα)'라 한다. '너희가 하나님과 재물(맘모나)을 겸하여 섬기지 못하느니라' 마6:24 마귀는 금송아지 우상인 재물을 숭배하게 하고 또 물질로 사람들을 유혹하고 파산하게 하는 경우가 많다. 왕하5:20-27

셋째, 마귀는 일시적인 재해나 자연 현상을 통해 공격한다.

막4:35, 욥1장

마귀는 예수를 처음 믿으려고 하는 사람들에게 일시적으로 사고를 일으켜 믿음에서 멀어지게 한다. 이것은 예수를 처음 믿고자 하는 자들을 겁주는 마귀의 방법이다. 또 마귀는 복음을 전하는 것을 방해하고자 사람을 공격하는 경우가 있다.

넷째, 마귀는 부정한 물건을 집안에 들일 때 역사한다.
신7:25-26

사탄을 섬기는 데 사용되었던 물건이나 형상은 그 어느 것도 부정하며 정결할 수 없다. 우상단지, 민속 우상, 애굽 왕 바로의 두상頭狀, 용, 사자 그림이나 자수刺繡, 외국 여행에서 사 온 민속 조각상 등을 집안에 들일 때 사탄이 집에 거할 수 있는 거점이 될 수도 있다.

### (2) 내적 공격

마귀의 가장 무서운 심리적 무기는 열등감과 자신의 가치를 무시하는 감정, 불평, 원망, 낙심 등이 있다. 뜻밖에 수많은 사람들이 자신의 무가치함과 불평과 원망 등의 쇠사슬에 매여 있다.

마귀는 부모에게 받은 상처, 사람에게 받은 상처를 통해 역사한다. 그리하여 상처받은 사람들은 평생 자신의 가치를 스스로 인정하지 못하고 살아간다.

첫째, 마귀는 사람의 생각을 공격한다.

> 마귀가 벌써 시몬의 아들 가룟 유다의 마음에 예수를 팔 생각을 넣었더니 요 13:2

마귀는 인간의 마음속에 파고드는 악한 생각이나 욕망을 통해 공격한다. 현대어 성경 골3:5

당신에게 마귀가 쏘는 생각의 불화살은 어떤 것들이 있는가?

 엡6:16

① 자신이 무가치하게 생각되며 열등감에 젖어 들 때가 많다.

② 어떤 일에 대해 지나치게 걱정하고 근심하는 버릇이 있다.

③ 상처받은 감정을 자꾸 생각하게 하여 분노와 미움이 불타오른다.

④ 음란한 생각과 성행위를 하는 인터넷 동영상을 보고 싶은 생각이 든다.

⑤ 스스로 삶에 희망을 잃고 자살하고 싶은 충동이 든다.

⑥ 세상 쾌락에 자꾸 이끌린다. (술, 담배, 노름, TV, 인터넷 게임 등에 몰입)

⑦ 나 같은 자를 하나님이 용서하지 않을 것이라는 생각이 든다.

⑧ 자기 스스로 과시하고 싶은 교만한 생각이 든다. 눅18:9

⑨ 다른 사람과 비교의식 때문에 늘 상대적 빈곤감이 든다.

⑩ 자기 삶과 환경에 대해 늘 불평과 원망이 일어난다. 민11:4-6

마귀는 우리의 마음에 악한 생각을 집어넣어 시험한다. 시험을 받는 것은 죄가 아니다. 그러나 성도는 시험을 받을 때 그것을 받아들일 것인가 거부할 것인가 선택해야 한다. 예수도 시험試驗을 받으셨지만 죄를 범하지 않았다. 히4:15

둘째, 마귀는 인간의 죄악 된 성품(육신)을 공격한다.

마귀는 우리의 내부에 잠재되어 있는 방탕한 기질을 표면으로 끌

어내기 위해 온갖 수법을 다 동원한다. 이것을 성경에서 육신이라 한다. 롬8:6-13

당신의 성품 중 어떤 부분이 마귀의 공격을 당하기 쉽다고 생각하는가?

① 마음속에 일어나는 미움과 분노 창4:6
② 돈에 대한 끊임없는 욕망 딤전6:10
③ 육체의 게으름에서 오는 욕망 잠6:10-11
④ 마음속에 일어나는 음란 욕망 삼하11:1-5
⑤ 충동적으로 물건을 구매고자 하는 욕망 약1:14
⑥ 미래를 알아보고자 하는 욕망 삼상28:7

즉 마귀는 사람의 타락한 성품인 성욕, 식욕, 물욕, 지배욕, 명예욕, 세상 자랑, 게으름, 나태 등을 통해 역사한다. 마4:1-11, 눅4:1-13

## 4. 우리가 어떻게 사탄을 이길 수 있는가?

사탄은 여러 가지 전략으로 성도들을 시험하고 유혹하여 죄악에 빠지게 한다. 실로 우리는 보이지 않은 악한 영들과 치열한 영적 전쟁을 하고 있다. 우리가 어떻게 보이지 않는 적인 사탄과 싸울 것인가?

(1) 성도가 소유한 놀라운 권세를 알아야 한다.

하나님은 예수 그리스도를 믿는 모든 자들에게 자녀의 권세를 주었다.

✎ _____ 요1:12

하나님께서는 예수의 십자가 구속을 통해 우리에게 성령의 능력과 권세를 주셨다. 우리가 알아야 할 것은 우리에게 하나님 자녀의 권세와 능력이 있다는 사실이다.

주님은 제자들에게 사탄을 제어할 하늘의 권세와 능력이 있다고 했다.

✎ _____ 눅9:1, 10:19

성도가 예수의 이름으로 사탄에게 명령할 때 보이지 않는 영적 세계도 그 명령을 듣고 있다는 것을 알아야 한다. 사탄에게 영적 권세를 주장하는 유용한 방법은 '나사렛 예수'를 믿음으로 선포하는 것이다.

(2) 성도는 영적으로 완전 무장을 해야 한다.

바울은 악마의 간계에 맞설 수 있도록 성도들에게 전신 갑주를 입고 무장하라고 했다.

✎ _____ 엡6:11-18

머리에는 구원의 투구 : 성도는 회개를 통한 구원에 대한 확신을 가진다. 사59:17

가슴에는 의의 흉배 : 성도는 칭의에 대한 확신과 성령으로 말미암은 거룩한 생활을 해야 한다. 갈3:6

진리의 허리띠 : 성도는 진리의 말씀을 바로 깨달아 진리로 무장해야 한다. 사11:5

평안의 복음의 신발 : 성도는 복음을 전파하면서 '화평케 하는 자'의 삶을 실천해야 한다.

믿음의 방패 : 성도는 믿음으로 사탄이 쏘는 온갖 종류의 불화살을 막아내도록 기도한다.

성령의 검劍 : 성도는 성경을 매일 묵상함으로 하나님의 말씀을 가져야 한다. 엡6:17

(3) 하나님 자녀의 권세를 사용해야 한다.

우리가 해야 할 유일한 선택은 권세를 사용하는 법을 배우고 실제적으로 그 권세를 우리의 생활에서 사용하는 것이다. 어떻게 사용할 것인가?

첫째, 어린 양 예수님 피의 능력을 믿어야 한다.

계12:11

사탄은 어린 양 예수의 피를 두려워한다. 왜냐하면 사탄과 그의 부하들은 십자가에서 패배했기 때문이다. 골2:15 그러므로 성도는 사탄을 두려워할 필요가 없다.

둘째, 명령 기도를 해야 한다.

✎ 막1:25, 9:25

예수는 마귀를 축출할 때 간청하지 않고 '나가라'고 명령했다. 오늘 우리도 귀신을 상대할 때 "_____ 귀신아! 즉시 떠나라!"고 명령해야 한다. 귀신들은 그 명령에 순종한다.

또한 마귀가 쏘는 불화살인 부정적인 생각들이 떠오르는 경우에도 "나사렛 예수의 이름으로 명하노니 _____ 더러운 생각들아 지금 즉시 떠나라"고 명령해야 한다. 심지어 질병도 의인화해서 "나사렛 예수의 이름으로 명命하노니 고혈압, 암, 허리 병病아 떠나라"고 명령할 수도 있다.

셋째, 방어 기도를 해야 한다.

✎ 출17:8-13

마귀들은 예수 믿는 자들을 공격한다. 득히 열심히 믿으려는 성도들을 공격하기 때문에 반드시 예수의 보혈을 의지하여 마귀의 공격에 대해 방어 기도를 해야 한다.

어린 양의 피로 주님의 자녀를 덮으소서!
어린 양의 피로 우리 가정을 덮으소서!
어린 양의 피로 _____ 영혼을 덮으소서!

어떻게 영적 전쟁에서 승리할 것인가?

## 맺는말

우리 성도들은 세상 속에서 살면서 끊임없이 어둠의 세력인 사탄과 싸워야 한다. 사탄은 십자가에서 그 세력이 무너졌지만 아직까지 강력한 힘을 갖고 역사하고 있다. 골2:15

타락한 천사인 사탄(마귀)은 이 시대의 유혹자, 참소자, 이 세상 임금, 거짓말쟁이로 우리 영혼을 멸망시키기 위해 밤낮으로 우는 사자처럼 삼킬 자를 찾아다니고 있다. 벧전5:8

그러므로 성도가 영적인 전투에 승리하기 위해서는 말씀으로 사탄의 정체를 정확하게 이해하고 항상 깨어 기도하는 삶이 되어야 한다. 성도가 말씀과 기도로 깨어 있어야 영적전쟁에서 승리할 수 있다. 눅 22:31-32, 삼상12:23, 살전5:17


### 암송 구절

근신하라 깨어라 너희 대적 마귀가 우는 사자같이 두루 다니며 삼킬 자를 찾나니 너희는 믿음을 굳게 하여 저를 대적하라. 벧전5:8-9

【 참 고 】

사탄은 이 시대에 뉴에이지(New Age) 운동으로 역사하고 있다.

(1) 뉴에이지(New Age) 운동의 신조는 무엇인가?
① 만물은 하나이다.
② 만물은 신이다.
③ 인간은 신이다.
④ 의식은 변화한다.
⑤ 모든 종교는 하나이다.
⑥ 새로운 세계가 온다.
뉴에이지의 신조는 동양 종교와 힌두교의 주요 교리에 뿌리를 두고 있다.

(2) 뉴에이지의 도서
〈성자가 된 청소부〉, 〈빵장수 야곱〉, 〈배꼽〉, 〈꼬마 성자〉, 〈빠빠라기〉, 〈인도로 가는 길〉, 〈자기로부터의 혁명〉 등은 반기독교적인 명상 서적이다.

(3) 뉴에이지 음악

병원에서 심리치료, 정신질환, 스트레스 해소에 꼭 필요한 음악이라고 소개되고 있다. 뉴에이지 음악은 정적이고 고요하다.

그러나 허무주의에 빠지게 된다. '허공의 자리', '제이린치', '반젤리스', '엔야' 등이 있다. 그들의 노래는 새와 돌고래와 짐승의 소리들을 포함하고 있다.

(4) 뉴에이지 영화

⟨사랑과 영혼⟩, ⟨사랑의 기쁨⟩, ⟨E. T.⟩, ⟨별들의 전쟁⟩, ⟨늑대와 미녀⟩, ⟨미녀와 야수⟩ 등이 있다.

이 영화들은 마술, 마녀, 마법의 칼, 부적, TV에 방영되는 초능력 등으로 무한한 인간의 가능성을 보여 주며 누구나 명상을 하면 신이 될 수 있다고 가르친다.

(5) 뉴에이지의 춤과 비디오

뉴에이지 비디오는 사람의 정신적인 능력을 증가시켜 사람을 명상적인 상태로 이끌거나 잠자는 동안 잠재의식을 배양하도록 고안되어 있다고 한다. 그러나 이러한 것은 영적으로 허무주의와 반기독교적인 정신을 은연중에 담고 있다.

⟨마인드 컨트롤⟩, ⟨명상⟩, ⟨요가⟩, ⟨바이오 피드백⟩, ⟨탈혼 명상 훈

련〉, 〈최면술〉, 〈Est〉, 〈성교의 기술〉, 〈생활의 활력〉 등의 비디오가 있다.

\* 참다운 기독교인이라면 명상을 하지 말고, 하나님 말씀을 부여잡고 묵상을 해야 한다. 명상冥想에서 이 명冥 자가 어두울 명이다.

# 오늘날에도 치유가 일어나는가?

오늘날도 병 고침의 이적이 일어나는가? 병 고침 사역에 대해서 찬반의 논란이 있지만, 오늘도 주님의 손길로 병든 자가 치유되는 경우가 있다.

한국 교회가 치유사역에 반대하는 것은 벤자민 워필드의 신학적인 영향도 있지만, 치유 사역자가 대개 성경에 무식하고 비상식적인 행동들을 하기 때문이다.

예를 들면 집단 수용소 같은 기도원에서 사역자들이 축사사역을 한다며 환자를 두들겨 패고, 눈을 찌르고, 거친 욕을 하고, 치유의 대가로 돈을 요구하는 사례가 많았다. 이와 같은 치유 사역자의 비인격적인 행동 때문에 치유사역 자체가 배척되었다.

하지만 성경에 "나는 너를 치료하는 하나님"이라 선언하고 있다. 출 15:26 주님은 수많은 병든 자를 치유하셨고 제자들에게 하나님 나라

를 전파하며 병든 자들을 치유하라고 명령했다. 눅9:1-2

## 1. 예수가 병든 자를 치유하신 이유가 무엇인가?

예수는 공생애 기간 동안 많은 병든 자를 치유했다. 즉 소경이 보고, 앉은뱅이가 걷고, 문둥이가 깨끗함을 받았고, 중풍병자가 회복되고, 죽은 자가 살아났다. 이것은 실제 일어났던 사건이지 비유나 신화가 아니다.

그러면 예수가 행한 치유사건의 본질이 무엇인가?

첫째, 치유의 가장 큰 목적은 하나님 나라의 증거이다. 치유는 하나님 나라가 임했다는 표징이다. 즉 예수를 통해서 사탄의 권세가 무너지고 하나님의 통치가 이 땅에 임했다는 것을 증거 해 준다.

예수는 치유사역을 통해 하나님 나라에 들어올 죄인들을 구원했다. 예수의 치유사역은 죄인을 구원하는 메시아 사역이었다. 마9:1-6, 요9:1-3

둘째, 예수의 치유는 유대교의 핵심 교리인 '인과응보 사상'을 깨뜨리는 것이다. 유대교 랍비들은 인과응보 교리에 기초하여 모든 가난하고 병든 자들은 죄 때문이라고 가르쳤다. 반면에 출세하고 부유한 것은 하나님의 은혜로 보았다.

그 당시 유대 사회에서 병자들은 질병의 고통보다 더 큰 고통은 유대교 인과응보 사상에 의해 '병든 자는 곧 죄인이다'로 낙인찍혀 버린 것이었다.

그러므로 예수의 치유사역은 단순히 질병만 치유하는 것에 그치지 않고, 질병으로 말미암아 죄인으로 낙인찍힌 사람들을 하나님의 자녀라고 선포하는 구원사역이었다.

유대교 당시의 핵심 교리는 무엇인가?

예수의 치유사역은 무엇을 의미하는가?


## 2. 구약성경에서 나타난 치유

① 하나님은 그의 백성들이 순종하면 치유를 하겠다고 약속했다.

출23:25

"네 하나님 여호와를 섬기라 그리하면 여호와가 너희의 양식과 물에 복을 내리고… 너희 중에서 병을 제하리니"

② 치유는 하나님의 본성 중의 하나이다.

✏️ 출15:26

"너희가 주 너의 하나님의 말씀을 잘 듣고 순종하면… 나는 너희를 치료하는 하나님이다"

③ 예언자들은 여호와의 이름으로 많은 이들을 치유했다.

✏️ 왕하4:32-35, 5:9-14

"엘리사가 여호와께 기도하고 아이 위에 올라 엎드려 자기 입을 그의 입에, 자기 눈을 그의 눈에, 자기 손을 그의 입에 대고 엎드리니 아이의 살이 차차 따뜻하더라."

④ 하나님은 히스기야의 눈물의 기도를 들으시고 치유했다.

✏️ 사38:1-5

"내가 네 기도를 들었고 네 눈물을 보았노라 내가 네 수한(壽限)에 십오 년을 더하고…"

⑤ 이사야 선지자는 예수의 십자가를 통해서 치유를 예언했다.

✏️ 사53:5

"그가 채찍에 맞으므로 너희는 나음을 얻었도다"

## 3. 신약 성경에 나타난 치유

(1) **예수는 많은 사람을 치유했다.**

예수는 귀신을 쫓아내고 수많은 병든 자들을 고쳤다.

✎ 막1:32-42, 2:1-12

【참고】 공관복음共觀福音의 주제는 하나님 나라이다. 하나님 나라(천국)는 예수가 이 땅에 오심으로 지금 여기에 도래 했음을 말한다. 막 1:15 하나님 나라는 사탄이 다스리는 타락한 이 세상에 예수가 왕王으로 오셔서 지배하고 다스린다는 것이다. 치유는 하나님 나라가 임했다는 표징이다.

(2) **치유는 예수의 명령이다.**

예수는 열두 제자들에게 하나님 나라를 증거 할 때 무엇을 하라고 했는가?

✎ 마10:1

예수가 다스리는 하나님 나라가 이 땅에 임했다. 예수는 하나님 나라의 통치의 증거로써 귀신들을 쫓아내고 질병을 치유했다. 그리고 제자들에게 치유를 명령했다.

주님은 모든 신실한 성도들에게 무슨 권세를 주었는가?

✎ 막16:17-18

"믿는 자들에게는 이런 표적이 따르리니 곧 그들이 내 이름으로 귀신을 쫓아내며…. 병든 자에게 손을 얹은즉 나으리라"

## 4. 초대 교회사 속에서 치유

초대 교회는 성령의 권능에 의한 초자연적인 치유 사역이 많이 일어났다.

베드로는 나면서부터 앉은뱅이를 어떻게 일으켰는가?

행3:6-8

"은과 금은 내게 없거니와 내게 있는 이것을 네게 주노니 나사렛 예수 그리스도의 이름으로 일어나 걸으라" 행3:6-8

사도들은 민간에 표적과 기사를 통해 많은 병자들을 고쳤다.

행5:12-16

"심지어 병든 사람을 메고 거리에 나가 침대와 요 위에 누이고 베드로가 지나갈 때에 혹 그림자라도 누구에게 덮일까 바라고…" 행5:12-16

빌립 집사는 사마리아에서 귀신을 쫓아내고 각종 병든 자를 고쳤다.

행8:5-7

"많은 사람에게 붙었던 더러운 귀신들이 크게 소리를 지르며 나가고 또 많은 중풍 병자와 못 걷는 사람들이 나으니 그 성에 기쁨이 있더라"

바울이 앉은뱅이를 일으키고 죽은 자를 살리며 각종 이적을 행했다.

행14:8-10, 19:12

"바울이 주목하여 구원받을 만한 믿음이 그에게 있는 것을 보고 큰 소리로 이르되 네 발로 바로 일어서라 하니 그 사람이 일어나 걷는지라"

## 5. 하나님 나라와 치유

(1) 완전한 치유는 미래적 일이다.

예수의 가르침에서 하나님의 나라는 세상 끝 날에 가서 주님이 재림할 때 완성된다고 했다. 그때는 모든 사람이 완전한 건강을 회복하게 될 것이다.

계21:1-4

【참고】 하나님 나라(천국)는 예수의 초림과 더불어 이 땅에 왔다. 그렇지만 하나님 나라는 예수가 재림하실 때까지는 아직 완성된 것이 아니다. 즉, 하나님 나라는 이미(already) 왔지만 아직(yet) 완성된 것은 아니다.

⑵ **치유는 현재에도 일어난다.**

주님은 복음을 전파하기 위한 수단으로 병든 자를 치유하라고 명령했다.

막16:18

복음은 그리스도인들이 하나님 나라의 축복을 지금 여기서 맛볼 수 있다는 사실을 가르치고 있다. 히6:5 치유는 하나님 나라가 이 땅에 임한 증거이다. 예수의 활동과 가르침 속에 이미 하나님 나라가 현재의 모습으로 나타나고 있기 때문이다.

> 내가 하나님의 성령에 힘입어 귀신을 쫓아내는 것이면 하나님의 나라가 이미 너희에게 임하였느니라 마12:28

하나님 나라(천국)가 이미 이 땅에 왔다는 구체적인 증거가 무엇인가?

마12:28

하나님 나라가 이 땅에 도래했다는 구체적인 실현은 귀신을 쫓아내고 질병을 물리치는 것으로 입증되었다. 즉, 치유는 하나님 나라가 이 땅에 왔다는 표시이다.

그러므로 오늘날 우리는 예수의 이름으로 육체적, 정서적, 정신적, 영적인 치유를 체험할 수 있다. 하지만 기도한다고 모든 자의 병이 낫는다고는 볼 수 없다.

# 6. 치유기도는 어떻게 하는가?

하나님은 치유하는 분이다. 하나님은 우리의 영적인 구원에만 관심을 가지는 것이 아니라 우리의 육체적 건강한 삶에도 관심을 가진다. 마8:17

① 우리에게 치유할 수 있는 권세와 능력이 있다!

마10:8

많은 성도들은 주님이 주신 하늘의 권세와 능력을 믿지 못하고 있다. 그러나 예수가 이미 우리에게 하늘의 권세와 능력을 주었다. 요1:12 주를 믿고 담대하게 기도하면 일하시는 분은 주님이다. 막16:18

② 기도하기 전에 질병에 대해 물어보아야 한다!

치유기도를 할 때는 기도를 받는 사람에게 기도해 주기를 원하는지 물어보고 나서 기도한다. 또한 성령에게 왜 이 사람이 이런 상태가 되었는지도 물어보아야 한다.
왜냐하면 고질적인 병에는 때때로 좀 더 근본적인 이유가 있기 때문이다. 대부분의 고질병들은 용서하지 않아서 생기는 질병들이 많기 때문이다.

### ③ 아픈 곳에 손을 얹고 기도해야 한다!

약5:14-15

치유기도는 아픈 부위에 손을 얹고 기도한다. 배가 아프면 배에, 머리가 아프면 머리에 손을 대고 기도한다. 아픈 부위가 뚜렷하지 않을 경우 가슴에 손을 얹고 기도한다.

치유기도를 할 때는 눈을 뜨고 하는 것이 좋다. 왜냐하면 치유기도는 상대방의 영적 상태를 살피며 기도를 조절해야 하기 때문이다. 혹 사탄의 역사도 나타날 수 있기 때문이다.

### ④ 마음의 평안이 올 때까지 기도해야 한다!

병든 자를 위해 기도할 때 가끔 그 사람의 상태와 병적 통증이 마음으로나 몸으로 체감되는 경우가 흔히 있다. 이는 치유가 진행되고 있는 상태이므로 두려워할 필요가 없다. 그러므로 치유기도를 할 때 그 병자의 아픈 통증이나 심령이 내 속에서 완화될 때까지 혹 완전히 사라질 때까지 기도하는 것이 원칙이다.

한 사람을 놓고 기도할 때 5분에서 10분, 또는 30분 이상으로 이어질 수 있다. 치유기도 시간은 기도하는 자가 지혜롭게 조정할 필요가 있다. 혹 기도가 길어질 때는 좀 쉬었다가 다시 하는 것도 지혜로운 방법이다.

⑤ 긍휼히 여기는 마음으로 기도해야 한다!

막1:41, 9:23, 29

치유는 능력이나 기술이 아니다. 치유는 오직 병든 자를 향한 사랑과 긍휼한 마음에서 간절히 기도할 때 일어난다. 주님은 문둥병자를 보고 긍휼히 여겨 치료했다. 막1:41 치유는 주님이 하는 것이기 때문에 주님과 친밀한 관계가 전제되어야 한다.

⑥ 기도한 후에는 병자를 위로해 주어야 한다!

기도한 후 대개 그 사람에게 무슨 느낌을 받았는지 물어본다. 편안함을 느끼는 사람이 있고 때로는 아무것도 느끼지 않을 수 있다. 또 어떤 경우에는 시간이 지나야 알 수 있다. 치유를 위해 기도를 한 후에는 그들이 병이 치유되었든 그렇지 않든 "하나님이 당신을 사랑하신다"는 것을 다시 한 번 확인시켜 주어야 한다.

그리고 기도는 계속해서 받을수록 좋다는 것을 일러주어야 한다. 혹 병이 치유되지 않았을 때에도 그들이 믿음이 부족하기 때문에 그렇다고 하는 등 부담을 주어서는 안 된다.

우리가 기도한다고 모든 사람이 치유되는 것은 아니다. 그렇다고 낙심할 것은 아니다. 치유사역자는 낫지 않을 때도 계속 인내하며 기도해야 한다.

## 맺는말

　예수는 공생애 기간 동안 소경, 중풍 병자, 문둥이, 앉은뱅이, 귀신들린 자 등 각종 질병을 고치며 하나님 나라가 이 땅에 왔다는 것을 증거 했다.

　주님은 수많은 치유사역을 통해 죄인들을 하나님 나라의 백성으로 구원하셨다. 즉 예수의 치유사역은 죄인을 구원하시는 메시아 사역이었다.

　또한 예수의 치유사역은 유대교의 핵심 교리인 '인과응보 사상'을 깨뜨리는 것이다. 예수의 치유는 질병으로 말미암아 유대교에서 죄인으로 낙인찍힌 사람들이 죄인이 아니라 하나님의 자녀라고 선포하는 구원사역이었다.

　예수는 제자들에게 병든 자를 치유하며 복음을 전파하라고 명령했다. 그러므로 우리도 반드시 병든 자를 치유하는 사역을 해야 한다. 우리가 병든 자를 위해 기도한다고 해서 병든 자들이 모두 다 치유되는 것은 아니다.

　하지만 우리는 인내를 가지고 병든 자를 치유하는 사역을 계속해야 한다. 이는 주님이 하나님 나라를 전하며 병든 자를 고치라고 명령 했기 때문이다.

『치유사례 1』

정신 몽매증을 치유하신 주님!

1996년 8월 나는 서산에서 개척의 첫발을 디뎠다. 나는 개척할 때 수지침으로 병든 자들을 찾아갔다. 놀랍게도 침을 맞은 많은 사람들이 치유되었다. 동네 사람들은 침쟁이 목사가 왔다고 했다.

교회 건물은 24평 조립식 상가였다. 1996년 10월 우리 교회 뒤에 살던 한 사람이 정신몽매증이 들어서 집안에서 이상한 행동들을 했다. 특히 밤12시만 되면 10년 전에 죽은 사람이 찾아와서 일하러 가자고 한다며 무작정 집을 나갔다. 자식들이 와서 집을 나가려는 아버지를 말리곤 했다.

자녀들은 할 수 없이 그를 서산의료원에 입원시켰다. 하지만 그가 서산의료원에 입원해서 답답해서 못 있겠다고 하니까 할 수 없이 다시 집으로 데려왔다. 동네 사람들은 큰 경(經)을 읽어야 한다고 쑥덕거렸다.

그해 10월 어느 토요일 날 그의 가족들이 그를 데리고 나를 찾아왔다. 나는 그의 머리에 손을 얹고 간절히 기도했다. 아무런 역사가 없었다. 나는 나도 모르게 "주일날 오시면 주님께서 만질 수 있습니다"하고 내뱉었다.

그의 아내는 주일날 자기가 다니는 교회에 남편을 데리고 가려고 했다. 하지만 그가 자기 집 앞에 있는 침놓는 교회에 가야 한다고 우기기에 그의 아내는 할 수 없이 개척교회 주일예배에 그를 데리고 왔다.

　주일예배 후에 내가 그의 머리 위에 손을 얹고 "주여 보혈로 덮으소서, 주여 불쌍히 여기소서, 성령이여 불로 임하소서, 나사렛예수 이름으로 명하노니 정신몽매증아, 떠나라"하고 기도했다. 그러자 놀랍게도 그의 정신이 온전하게 돌아왔다.

　그는 "정신이 이상하게 맑아졌다"고 했다. 즉 정신몽매증이 떠난 것이다. 나도 깜짝 놀랐다. '아니, 어떻게 정신몽매증이 떠났지' 하고 의아했다. 나는 이것이 주님이 만진 것임을 확신했다. 주님은 이곳에 교회를 세우기 위해 놀라운 기적을 행하신 것이다.

　그가 바로 우리 교회 고故 성덕환 집사였다. 그는 예수 믿기 전에 밥은 제대로 먹지 않고 술을 밥 먹듯이 마셨다. 그 결과 그에게 정신몽매증과 수전증이 왔다.

　하지만 놀라우신 성령은 그를 불쌍히 여기사 정신몽매증과 수전증을 치유해 주었다. 그가 증인이 되어 그의 가족들이 다 교회로 나왔다. 그는 그 후 신앙생활을 하다가 또다시 술을 가까이하여 후두암으로 먼저 주님 앞에 갔다. 지금은 그의 자녀가 우리 교회에 집사로 섬기고 있다.


『치유사례 2』
　위암 수술 부위의 통증을 멈춰주신 성령!!
　2015년 11월 25일(수) 우리교회 이종춘 권사의 큰아들 김원철 씨

(54)가 위암 말기로 안산 고려대 병원에서 수술했다. 그는 교회에 일 년에 겨우 한 번 정도 나올까 말까 하는 사람이었다. 그는 술을 워낙 좋아해서 교회는 미안해서 못 다닌다고 했다.

그는 11월 25일 오후 2시에 수술실에 들어갔는데 좀처럼 나오지 않았다. 오후 10시경에 의사가 나와서 복강경 수술을 했지만 환자는 위와 십이지장과 대장이 붙은 희귀한 상태라 배를 열고 수술해야 한다고 하면서 보호자에게 재차 수술 동의를 구했다.

그는 다음날(26일) 오전 4시에 수술실에서 나왔다. 총 14시간이 걸렸다. 위장, 십이지장, 쓸개를 완전히 들어내고 대장 일부를 잘라 봉합하는 대수술이었다.

그는 수술 후 거의 의식을 잃었다. 온 창자를 들어내어 자르고 하는 대수술을 했으니 본인은 거의 혼수상태였다. 하지만 워낙 통증이 심하므로 무통주사로는 견딜 수 없어서 거의 2~3시간마다 진통제 주사를 맞았다.

나는 11월 29일 주일 낮 예배를 마치고 교우들과 함께 안산 고려대 병원으로 심방 가서 '천부여 의지 없어서' 찬송을 부르고 나서 그의 수술 부위인 배에 손을 얹고 "주님, 원철 씨가 대수술로 인해 통증으로 견딜 수 없다고 합니다. 주님의 보혈로 수술한 부위에 덮어주시고, 주님의 손길로 만지사 통증을 걷어주소서, 성령이여 역사하여 주옵소서" 하고 간절히 기도했다.

원철 씨를 위해 기도하는데 나도 모르게 내 눈에 눈물이 흘러내리고 있었다. 주님이 그를 불쌍히 여기는 긍휼한 마음이 느껴지는 것이었다.

나중에 환자의 말에 의하면 "목사님이 기도할 때 뜨거운 바람 같은 것이 코로 확 들어오면서 속이 편안해지면서 그 고통스러운 통증이 갑자기 사라졌다"고 했다.

그 후 무통주사는 맞았지만, 진통제 주사는 맞지 않고 병원생활을 하다 42일 만에 퇴원했다. 그는 지금도 가끔 안산 고려대 병원에 치료받으러 가지만 이제는 밥도 잘 먹고 얼굴도 좋아졌다.

성령은 교회에 잘 나오지 않던 그를 불쌍히 여기시고 내가 기도할 때 뜨거운 바람으로 임재하사 그의 수술 부위의 지독한 통증을 걷어주셨다. 이처럼 놀라우신 성령은 오늘도 우리의 기도를 통해 치유하신다. 놀라우신 성령을 찬양하라! 주님은 불쌍히 여길 자를 불쌍히 여기신다.


### 암송 구절

너희 중에 병든 자가 있느냐 그는 교회의 장로들을 청할 것이요 그들은 주의 이름으로 기름을 바르며 그를 위하여 기도할지니라. 믿음의 기도는 병든 자를 구원하리니 주께서 저를 일으키시리라. 약5:14-15

# 어떻게
# 전도해야 하는가?

'복음을 전파하라'는 것은 주님의 지상 대 명령이다. 우리가 복음을 전해야 하는 이유는 사람들에게 생명을 얻게 하기 위함이다. 복음은 예수가 십자가에 죽으시고 부활하심으로 예수를 믿는 자는 죄사함과 영생을 얻는다는 기쁜 소식이다.

이 기쁜 소식을 전하는 것은 이 땅에 하나님 나라를 이루는 성도들의 거룩한 사명이다. 이 복음 전도의 사명을 이루기 위해 사도들을 비롯한 수많은 성도들이 무참하게 죽어갔다.

더러는 돌에 맞아, 더러는 십자가에 못 박혀, 더러는 톱으로 토막 당하고, 더러는 원형경기장에서 맹수의 밥이 되고, 더러는 산과 강과 광야와 바다에서 죽어갔다.

뿐만 아니라 전도자들은 굶주리고 헐벗고, 수없이 매를 맞고, 정처 없이 떠돌아다니면서 사람들의 조롱거리와 구경거리가 되어야만

했다. 고전4:9-13

지금도 복음을 전하기 위해 고국을 떠나 수천만 리 떨어진 이국땅에서 희생의 땀을 흘리는 선교사들이 많이 있다. 그것은 잃어버린 생명을 사랑하기 때문이다.

하지만 오늘날 날이 갈수록 대부분의 그리스도인들이 불신자들에게 복음을 전하지 않고 있다. 그것은 신앙이 식어져 가고 있다는 증거이다.

우리는 식어져 가는 신앙을 회복하고 잃어버린 영혼을 살리기 위해서 복음을 전해야 한다. 복음을 전하는 것이 나를 살리고 이웃을 살리는 길이다.

## 1. 왜 우리는 복음을 전해야 하는가?

(1) 예수님의 마지막 대 명령이기 때문이다.

주님은 복음을 믿는 사람이 무엇을 얻는다고 했는가?

✏️ 막 16:15-16

"너희는 온 천하에 다니며 만민에게 복음을 전파하라 믿고 세례를 받는 사람은 구원을 얻을 것이요 믿지 않는 사람은 정죄를 받으리라"
막16:15-16

(2) 사람의 마음속에 공허함과 허무함이 있기 때문이다.

공허함과 허무함은 무엇 때문에 있는 것일까?

✎ _____ 창2:7, 전 1:2-4

대부분의 사람들은 삶에 공허함을 느끼며 살아간다. 사람들은 마음 깊은 곳의 공허감을 채워 보려고 술 담배 섹스 돈 스포츠 일 등에 심취한다. 하지만 세상 쾌락을 추구할수록 공허함과 허무함은 더 커져만 갈 뿐이다.

(3) 복음을 받아들이지 않으면 영벌에 처하기 때문이다.

✎ _____ 계 21:8

"그러나 나를 따르지 않고 돌아선 비겁자(두려워하는 자)와 내게 불충실한 자, 타락한 자와 살인자, 부도덕한 자와 마술을 행하는 자, 우상 숭배자와 거짓말하는 자들이 갈 곳은 불과 유황으로 타오르는 못이다. 이것이 둘째 사망이다" 현대어 성경 계21:8

【참고】

교회 성장 연구소가 14,000명에게 여러 차례 설문 조사하길 '당신을 그리스도와 교회로 인도한 사람이 누구입니까?' 하는 질문에 다음과 같은 응답이 나왔다.

| | |
|---|---|
| 자신의 특별한 필요에 의해 1~2% | 자발적으로 교회에 나왔다 2~3% |
| 목사님이 전도해서 5~6% | 성도들의 가정 심방을 받고 1~2% |
| 주일 학교를 통해 4~5% | 대전도 집회를 통해 0.5% |
| 교회 프로그램이 좋아서 2~3% | 친구 혹은 친척을 통해 75~90% |

_ 교회성장연구소 자료 인용

이 통계를 통해 알 수 있는 것은 대부분의 사람들은 친구 혹은 주변 사람들에 의해 교회를 나와 주님을 믿게 되었다는 것이다.

## 2. 왜 우리는 복음을 전파하지 않는가?

많은 그리스도인들이 복음을 전하는 것에 방해가 되는 두 가지 반응이 있다.

### (1) 무관심

많은 그리스도인들이 전도 불감증에 걸려 있다. 자신은 열심히 신앙생활을 하지만 잃어버린 생명에 대해 관심이 없다. 주님은 우리에게 생명을 주기 위해 십자가의 고난을 당했다. 그러므로 주님은 잃어버린 생명에 대해 무관심한 신도들을 책망한다.

당신은 잃어버린 생명에 대해 관심이 있는가? 복음을 전하지 않으면 어떤 결과가 있다고 하는가?

✏️ 고전9:16

"내가 복음을 전한다 해도 자랑할 것이 없음은 내가 부득불 할 일임이라. 만일 복음을 전하지 아니하면 내게 화가 있을 것이로다." 고전9:16

우리가 복음을 전하는 일에 무관심하면 주님으로부터 어떤 책망을 받는가?

✏️ 마25:26

우리는 예배를 드리고 세상에 나가서 복음을 전해야 한다. 그런데 대부분 성도들은 예배 후 나들이를 즐기고 TV를 보며 자기 시간을 보낸다.

(2) **두려움**

많은 그리스도인들이 복음을 전해야겠다는 마음을 갖고 있지만, 사람들에게 복음을 전하는 것을 두려워한다. 그것은 두 가지 이유가 있다. 첫째는 복음에 대한 확신이 없기 때문이다. 둘째는 복음을 전하다가 상처를 받은 경험이 있기 때문이다.

나는 하나님의 아들인 예수 그리스도를 믿는 것이 영생의 삶이고 믿지 않는 것이 영벌의 삶임을 확신하는가?

> 요일5:11-12

아들이 있는 자에게는 생명이 있고 하나님의 아들이 없는 자에게는 생명이 없느니라. 요5:12

당신은 혹 복음을 전하다가 핍박받은 적이 있는가? 그때 복음 전도자는 어떻게 해야 하는가?

> 마 5:11-12

나로 말미암아 너희를 욕하고 박해하고 거짓으로 너희를 거슬러 모든 악한 말을 할 때에는 너희에게 복이 있나니 기뻐하고 즐거워하라 하늘에서 너희 상이 큼이라.

### 3. 복음전파를 위해 비신자들을 교회로 인도한다.

한국교회에서는 총동원 전도주일을 통해 비신자들을 교회로 인도한다. 이것은 신자들이 비신자들을 교회로 인도하면 목회자가 말씀으로 복음을 전하게 하는 방법이다.

비신자들을 교회로 인도하는 방법은 엄격히 말해 인도이지 전도는 아니다. 그래서 일부에서는 총동원전도 행사를 교인을 얻기 위한 종교적 행위라고 비난한다. 하지만 현재 한국교회 부흥에는 비신자를 교회로 인도하는 총동원 전도주일을 통해 이루어졌다는 사실을 무시할 수 없다.

### (1) 간접 접촉을 해야 한다.

행1:1

신자들이 비신자들을 인도하기 위해서는 편지, 교회가 전도용으로 만든 주보, 이메일 발송, 생일 카드 등을 발송하면서 상당한 시일을 두고 꾸준히 접촉해야 한다.

### (2) 직접 접촉을 해야 한다.

신자는 전도 대상자의 마음 문을 열고 친밀도를 높이기 위해 구체적인 관심을 표현해야 한다. 당신이 전도 대상자에게 구체적인 관심을 표현할 수 있는 것은 무엇인가?

① 애경사 참석
② 병상 방문
③ 음식 나누어 먹는 것
④ 김치 담가 주는 것
⑤ 아이 돌보아 주는 것
⑥ 저녁식사 초대
⑦ 시장 함께 가는 것

⑧ 집 주위 청소해 주는 일

⑨ 생일날 초대하는 것

⑩ 방문할 때마다 빈손으로 가지 않는 것

    (아이들을 위한 간식, 과일, 작은 반찬, 요리 등)

전도 대상자와 친해지기 위해서 당신이 실천할 수 있는 것은 무엇인가?

## 4. 비신자에게 직접 복음을 전하는 방법이다.

전도는 교회와 목회자를 자랑하며 우리 교회에 나오라고 하는 것이 아니다. 그것은 생명과는 무관한 종교적 행위이다. 전도는 한 생명에게 예수가 십자가에 죽으시고 부활하심으로 예수를 믿는 자에게 죄사함과 영생을 준다는 기쁜 소식을 증거하는 것이다. 그렇게 하려면 먼저 복음의 대상자인 비신자들과 관계를 맺어야 한다. 내가 전도할 대상자를 찾기 위해 해야 할 것은 무엇인가?

(1) **전도할 대상자를 찾기 위해 이웃을 섬겨야 한다.**

성도들은 보통 전도한다는 것을 굉장히 힘들어한다. 성도는 교회에 갇혀 있지 말고 이웃을 섬기며 사람과의 관계를 통해 전도할 대상자를 찾아야 한다.

성도들이 이웃을 섬기며 전도할 대상자를 찾으면 인간관계 형성에도 좋고 전도 대상자도 쉽게 찾을 수 있다. 섬기는 전도는 어떻게 하는가?

① 아파트일 경우 주민 자치회 혹은 부녀회에 참석하여 주민들의 필요를 위해 봉사하고 섬기는 자가 되어야 한다.
② 어떤 봉사 단체에 자원 봉사자가 되어 도움이 필요한 이웃을 위해 스스로 나가서 자원봉사를 해 준다.
③ 자녀가 다니는 학교나 유치원에 임원이 되어 그 단체에 필요한 일들을 자원봉사한다.
④ 주말에 아파트나 자신이 사는 지역을 성도들이 함께 나가 주변 청소를 정기적으로 해 준다.
⑤ 우리 집에 소독이나 아파트 청소하는 아주머니들을 집으로 초대해서 따뜻한 차를 대접하며 친절을 베풀어야 한다.
⑥ 초등학교 앞 학생들이 등교할 때 교통 안내를 자원해야 한다. 불신자들이 우리의 선한 행실을 보고 감동을 받을 수 있는 일이라면 무엇이든 찾아서 해야 한다.
⑦ 전도대상자에게 카톡이나 인터넷을 통해 지속적인 관계를 유지해야 한다.

당신이 실천할 수 있는 섬김의 행동은 어떤 것이 있는가?

✏️ _____

**(2) 한 생명을 위해 끊임없이 중보기도 해야 한다.**

전도할 대상자를 찾았으면 그 한 생명을 품고 중보기도 해야 한다. 당신은 전도할 대상자를 위해 기도해 본 경험이 있는가?

✏️ _____ 사 66:8

이 세상에 한 생명이 태어나려면 10개월 동안 임신하고 출산할 때는 많은 진통과 아픔을 겪는다. 즉 자녀를 진통 없이 낳을 수 없다. 마찬가지로 하나님 나라에 한 생명이 태어나는 것도 이와 똑같다. 누군가가 그 생명을 품고 기도하는 진통을 겪어야 한다. 전도는 처음부터 끝까지 한 생명을 향한 중보기도의 결과이다. 딤전2:1

**(3) 정규적으로 만나 복음의 진리를 직접 전해야 한다.**

당신은 누구에게 복음의 진리를 전해본 경험이 있는가?

✏️ _____ 막16:15-16

전도 대상자와 친밀한 관계를 유지하고 '왜 예수를 믿어야 하는가?'를 성령의 도우심으로 전해야 한다. 그리고 열두제자 10과를 함께 나눌 수 있도록 해야 한다. 이 책이 바로 이것을 훈련하기 위해 만들었다.

## 5. 전도한 사람들을 어떻게 해야 하는가?

전도자는 한 생명을 전도했다고 그냥 내버려 두어서는 안 된다. 그러면 어린 생명들은 거의 실족하여 신앙생활을 계속할 수 없다. 그들을 어떻게 할 것인가? 우리가 전도한 새 신자들에게 반드시 해야 할 중요한 일이 있다.

(1) 그를 위해 매일 중보기도를 한다.

눅 21:31

사탄은 예수 믿는 새 신자들을 공격한다. 새 신자들은 사탄의 공격을 받으면 교회에 발걸음을 끊는 경우가 많다. 그러므로 사탄의 공격으로부터 미혹되지 않도록 매일 그를 위해 중보기도를 해야 한다.

(2) 이른 시일 내에 그를 방문하고 자주 만나야 한다.

잠 27:17

사탄은 어린 그리스도인의 삶에 여러 가지 문제를 가지고 반드시 공격한다. 전도한 사람을 일주일 내에 꼭 방문하고 격려해 주어야 한다. 아이를 낳은 엄마가 신생아를 품에 안고 젖을 먹이듯이 새 신자에게 관심을 두고 돌보며 집에 초대도 하고 함께 시간을 보낼 수 있어야 한다.

(3) 주님의 제자를 만들어야 한다.

딤후 2:2

예수께서 우리에게 명령하신 것은 '가서 전도하라'는 것만이 아니라 '가서 모든 족속을 제자 삼으라' 했다. 즉 주님의 마지막 명령은 '가서 제자 삼으라'는 것이다. 마 28:19

만약 우리가 복음을 재생산할 수 있는 제자를 삼지 않는다면 우리가 전하는 복음은 우리시대에 끝나고 말 것이다. 우리가 한 사람을 전도하면 그 사람이 또 다른 사람을 전도할 수 있도록 해야 한다.

[예화] **평북 삭주의 한의사 백유계에게 전도 받은 최봉석(최권능) 목사 이야기**

한국교회의 역사에서 '예수천당, 불신지옥'하면 가장 먼저 떠오르는 사람이 최봉석崔鳳奭 (1869-1944) 목사이다. 그는 많은 이적을 행했기에 사람들이 그를 최 권능이라 불렀다.

그가 기독교로 개종한 곳은 1902년 평안북도 삭주에서였다. 그는 평양 감사 민병두의 수하에서 감찰 관리로 지내던 중 국고금 3만 량을 횡령했다는 혐의로 반년 동안 투옥되었다가 나중에는 평북 삭주로 유배되었다.

최봉석은 거기서 날마다 울분 속에서 술에 취해 세월을 보내고 있었다. 그때 평북 삭주교회를 설립한 한의사 백유계白留溪가 최봉석을 찾아가 복음을 전했다. 그로 인해 그는 기독교인이 되었다.

이듬해 1903년 그가 34살 되었을 때 노블(W. A. Noble) 선교사가 건네준 쪽 복음서를 탐독하다가 '하늘에서 떨어지는 불벼락에 맞아 죽는 꿈'을 꾼 후 중생을 체험하게 되었다.

그는 그때부터 전도하고 싶은 마음이 불같이 일어나 만나는 사람마다 붙잡고 전도하기 시작했다. 그의 전도는 간단했다. '예수천당 불신지옥'이었다.

최봉석은 1907년에 신학교에 입학, 1913년 신학교를 졸업하고 그해 8월 목사로 안수 받은 후 넓은 만주 벌판을 10리, 20리씩 걸어 다니며 조선동포들에게 복음을 전했다.

수많은 고난을 무릅쓰고 12년 동안 복음을 전한 결과 28개의 교회를 세웠다. 최봉석 목사는 12년 동안의 만주 전도를 마치고 1926년에 평양으로 돌아와서 평양에서 복음을 전하기 시작했다.

그가 전도한 사람은 집사가 23,000명, 목사가 320명, 개척한 교회가 76곳이나 되었다. 한의사 백유계가 평북 삭주로 유배당한 최봉석에게 복음을 전한 것이 한국교회 역사를 바꾸는 일이 되었다. 이처럼 한 사람에게 복음 전하는 것이 세상을 바꾸는 일이 되는 것이다.

당신이 전도해서 제자 삼아야 할 사람은 누구인가?

내가 예수를 믿고 복음을 전해본 사람은 누구인가? 나는 누구를 전도할 것인가? 마28:20

# 맺는말

　복음을 전파하는 일은 주님의 대 명령이요, 이 땅에 하나님 나라를 이루는 성도들의 거룩한 사명이다. 복음 전도는 사람들의 생명을 살리는 일로써 사람에게 관심을 갖지 않고서는 결코 할 수 없는 일이다.

　세상에서 가장 귀한 것이 생명이다. 한 생명은 온 우주보다 귀하고 그 어떤 보석보다도 귀하다. 전도는 우주보다 귀한 생명을 불쌍히 여기고 그 영혼을 살리겠다는 아버지의 심령이 있어야 한다.

　성도는 한 생명에 대한 구원의 열정을 갖고 중보기도와 관계전도로 죽어가는 생명을 구원해야 한다. 한 생명이 돌아오는 것은 하늘 아버지가 가장 기뻐하시는 일이다. 그리고 전도자는 전도한 사람을 자신이 양육하여 그 사람이 다시 다른 사람을 전도할 수 있
　는 주님의 제자로 만들어야 한다.


**암송 구절**

　너희는 온 천하에 다니며 복음을 전파하라. 믿고 세례를 받은 사람은 구원을 얻을 것이요 믿지 않는 사람을 정죄를 받으리라. 막16:15-16

# 부록

## 1. 신천지, 성경의 비유가 비밀인가?

신천지 가르침의 핵심은 비유이다. 그들은 성경 비유를 창세로부터 감추어진 천국비밀이라고 한다. 그리고 하나님은 '비유'를 '비밀'에 붙여 숨겨 놓았다가 2천 년이 지난 지금 대한민국 이○○ 씨에게 특별히 알려 주었다고 한다.

우리는 신천지 이○○ 씨가 씨 뿌리는 비유를 비롯한 성경말씀을 어떻게 곡해曲解하는지 분명히 알아야 한다.

(1) 씨 뿌리는 비유는 무엇을 말하는가?

신천지 이○○ 씨가 주장하길 "성경의 비밀인 비유의 참뜻을 알지 못할 때 우리는 눈이 있어도 보지 못하고 귀가 있어도 듣지 못하는 영적 소경이요 귀머거리가 되어 어두운 구덩이에 빠질 수밖에 없다"고 한다.

그들은 예수가 가르친 비유를 깨닫지 못하는 자는 이방인이요, 죄 사함을 받지 못한다고 한다. 막4:10-13 그래서 정한 때가 되어 계시를 받은 이○○ 씨를 통해 약속하신 말씀의 실상이 풀어졌다고 한다.

신천지 이○○ 씨는 '비유를 성경을 해석하는 암호나 키(key)'라고 하며 성경을 영적으로 풀어야 한다고 한다. 또 심령이 하나님의 뜻으로 창조 받지 못한 사람들은 문자에 매여서 비유의 뜻을 알지 못한다고 했다.

이것은 사람을 속이는 말이다. 예수가 씨 뿌리는 비유로 가르친 이유는 세상이 다 아는 단순한 이치로 죄인들에게 하나님 나라를 쉽게 설명하기 위함이다.

즉 하나님 나라의 복음이 대부분 길가, 돌밭, 가시떨기에 떨어진 씨처럼 사람의 마음에 열매를 맺지 못하지만 소수의 사람들이 복음을 받아들여 그들을 통해 100배, 60배, 30배의 열매를 맺고 성장할 것이라는 것이다.

길가, 돌밭, 가시떨기는 당시 세대의 바로 완악하고 무지한 심령상태를 겨냥한 말들이다. 주님은 씨 뿌리는 비유를 통해 천국 복음메시지는 동일하지만 이 메시지를 어떤 마음의 자세로 받아들이느냐에 따라서 그 결과가 현격한 차이가 난다는 사실을 강조한 것이다.

즉 하나님 나라의 복음이 대부분 길가, 돌밭, 가시떨기에 떨어진 씨처럼 사람의 마음에 열매를 맺지 못하지만 소수의 사람들이 복음을 받아들여 그들을 통해 100배, 60배, 30배의 열매를 맺고 성장할 것이라는 것이다.

"예수께서 이 모든 것을 무리에게 비유로 말씀하시고 비유가 아니면 아무것도 말씀하지 아니하셨으니… 창세로부터 감춘 것들을 드러내리라" 마13:34-35, 시78:2

주님이 '비유가 아니면 아무것도 말씀하지 아니하셨다'는 것은 무슨 뜻인가?

신천지 이○○ 씨는 이 말씀을 문자적으로 해석하여 "성경은 모든 것이 다 비유이다"라고 했다. 그러나 구약 성경은 역사, 사건, 예언, 시, 교훈으로 되어 있고, 신약 성경의 사도행전과 바울 서신은 비유가 거의 없다.

주님이 '비유가 아니면 아무것도 말씀하지 아니하셨다'는 것은 단지 그날 모인 가난하고 무식한 죄인들에게 천국을 이해시키고 깨닫게 하기 위해 특별히 알기 쉬운 비유로 많이 말씀하셨다는 것이다.

(2) 창세로부터 감추어진 것과 천국 비밀은 무엇을 말하는가?

신천지 이○○ 씨는 "창세로부터 감춘 것들을 하나님이 자기에게 특별히 열어주셨다"고 하며 자신의 가르침을 따라야 한다고 했다.

그는 특히 '천국의 비밀'을 아주 강조하고 있다. 마13:11 천국의 비밀이 그가 계시를 받아 이제 풀어진다고 한다. 그러나 우리가 '창세로부터 감추어진 것'이 무엇인가를 이해하면 그가 거짓말을 하고 있다.는 사실을 알게 된다.

'창세로부터 감추어진 비밀'은 즉 하나님의 구원계획은 그리스도가 오시기 전까지 비밀에 속한 것이었다. 골1:26 즉 하나님의 말씀은 사람들에게 이해할 수 없는 것으로서 하나님께서 친히 계시하지 않고서는 깨달을 수 없는 것이다.

이에 하나님이 성육신 하셔서 인간을 향한 당신의 구원계획을 나타내셨다는 것이다. 이런 의미에서 전 인류의 구원을 위해 이 땅에 오신 '예수 그리스도'가 곧 하나님의 비밀이다. 골1:27

이제 천국의 비밀이 신천지 이○○ 씨를 통해 드러나는 것이 아니라, 창세로부터 감추어진 비밀이 성육신한 예수 그리스도의 가르침을 통해 밝히 드러나게 되었다는 것이다.

또한 천국의 비밀은 유대인들이 상상조차 못 한 천국이 역사 안에 '이미' 시작되고 있다는 것이다. 즉 천국의 왕 되신 예수 그리스도를 통해 비밀이 풀어지고 있다는 것이다.

천국 비밀은 바로 예수가 이 땅에 오심으로 하나님 나라가 이미 시작되었다는 것이다. 마12:28 하나님 나라는 예수 그리스도가 이 땅에 오심으로 이 땅에 이미 도래했다. 마4:17, 막1:15

즉 하나님 나라는 사탄이 다스리는 타락한 이 세상에 예수가 왕王으로 오셔서 지배하고 다스린다는 것이다. 그 증거로 귀신들이 쫓겨나고 병든 자들이 치유되었다. 그리고 예수가 다시 오실 그 날 하나님 나라가 이 땅에 완성된다.

그러므로 창세로부터 감추어진 비밀은 신천지 이○○씨를 통해 밝혀지는 것이 아니라 성육신 한 예수 그리스도를 통해 구원이 비밀이 밝혀진다는 것이다.

(3) 천국 비밀을 깨닫는 자와 깨닫지 못하는 자는 누구인가?

"천국의 비밀을 아는 것이 너희에게는 허락되었으나 저희에게는 아니 되었나니…" 마13:11 에서 천국의 비밀을 아는 것이 너희에게 허락되었다는 '너희'는 누구인가?

신천지에서는 '너희'는 신천지 이○○ 씨에게 말씀을 듣고 깨달은 신천지 교인들이고, 저희는 전통교회 교인들이라고 가르친다.

그러나 여기서 '너희'는 12제자와 함께 해변에 모인 죄인들의 무리들이다. 즉 하나님의 은혜의 영역 안에 있는 자들이다. '저희'는 전통교인들이 아니고, 스스로 의롭다고 하는 유대 지도자들과 바리새인들을 말하고 있다.

주님은 "무릇 있는 자는 받아 넉넉하게 되고 무릇 없는 자는 그 있는 것도 빼앗기리라" 했다. 마13:12 여기서 '있는 자'는 하나님의 말씀을 받아들이는 자들이다. '없는 자'는 하나님 말씀의 진리를 거부하는 자들이다.

"그러므로 내가 그들에게 비유로 말하는 것은 저희가 보아도 보지 못하며 들어도 듣지 못하며 깨닫지도 못함이니라……"고 했다. 마13:13

주님이 비유로 말하는 것을 보지 못하고 듣지 못하고 깨닫지 못하는 자는 누구인가? 그들은 서기관과 바리새인들이다. 그들은 유대교 율법의 조항에 갇혀 있기 때문에 보는 것이 그대로 아는 것이 되지 못하며, 듣는 것을 바로 깨닫지 못한다는 것이다. 결국 영적 불구자인 심령상태를 말하고 있다.

왜냐하면 그들에게 천국의 비밀은 허락되지 않았기 때문이다. 주님의 말씀을 받아들이지 않는 서기관들과 바리새인들이 바로 영적 소경 사59:10, 막4:12 요12:40, 영적 귀머거리이기 때문이다. 이사야 6:9-10

그런데 신천지 이○○ 씨는 이 말씀을 곡해하기를 "비유는 영적인 것인데 전통교회 사람들이 문자에 매여 하나님의 뜻을 전혀 알 수 없는 영적 소경이며 귀머거리이다"고 했다.

(4) 신천지 말하는 하나님의 씨와 사탄의 씨는 무엇인가?

신천지는 마태복음 13장에 하나님의 말씀인 씨가 두 종류가 있다고 가르친다. 즉 하나님의 말씀인 하나님의 씨가 있고, 사탄의 말씀인 사탄의 씨가 있다고 한다.

그 근거로 "여호와께서 가라사대 보라 내가 사람의 씨와 짐승의 씨를 이스라엘 집과 유다 집에 뿌릴 날이 이르리니…"를 인용해서 설명한다. 렘31:27 신천지는 사람의 씨는 하나님의 씨이고, 짐승의 씨는 사탄의 씨로 예언된다고 한다.

그리하여 그들의 보혜사인 이○○ 씨가 성경을 통달하여 그의 가르침을 받은 자가 하나님의 씨를 뿌리는 자이고 전통교회 목사들은 사탄의 씨를 뿌린다고 한다.

이러한 해석은 예레미야 31장 27절의 전후 문맥을 전혀 모르는 무식의 소치이다. 예레미야 31장은 바벨론에게 망한 유대민족의 회복을 예언하고 있는 것이다.

즉 예레미야 31장 27절 말씀은 바벨론에게 망해버린 유대민족이 70년 후에 약속의 땅으로 돌아와서 번성케 하겠다는 약속의 말씀이다.

페르시아 왕 고레스는 바벨론을 멸망시킨 후 애굽을 견제하기 위한 정책으로 이스라엘 민족을 고국으로 돌아가라는 고레스 칙령(BC 538)을 내렸다.

그리하여 유대민족은 바벨론 70년 포로 생활에서 약 5만 명 정도가 가나안 땅으로 돌아왔다. 유대 땅으로 돌아온 5만 명으로 나라를 세우기는 턱없이 부족한 상태였다.

예레미야 선지자는 그러한 현실을 내다보며 예언하기를, 돌아온 백성들을 마치 사람이나 짐승 할 것 없이 씨를 뿌려 농사를 짓듯이 여호와께서 사람과 가축을 번성케 하겠다고 했다.

공동 번역은 예레미야 31장 27절을 좀 더 쉽게 풀어서 번역하길 "이스라엘 가문과 유다 가문을 사람이나 짐승 할 것 없이 씨를 뿌려 농사짓듯이 불어나게 하리라"고 했다.

그런데 신천지 이○○ 씨는 자신의 말은 사람의 씨고, 일반 교회의 목사 말은 짐승의 씨로 곡해했다. 그는 구약 역사적 배경에 대한 지식이 전혀 없기 때문에 예레미야 선지자 예언의 말씀을 곡해하고 있는 것이다.

(5) 신천지, 말씀에 짝이 있다는 것은 무슨 뜻인가?

신천지 이○○ 씨는 성경의 여러 구절들을 여기저기서 끌어다가 꿰맞추어 억지 교리를 만들어 내었다. 그는 본문의 뜻이나 의도를 무시하고 자신들의 교리에 짜 맞추기 식으로 성경을 해석하는 것이다.

신천지 이○○ 씨는 이를 합리화하기 위하여 주장하는 말이 바로 "말씀은 다 짝이 있다"는 것이다. 그는 그 근거로 이사야 34장 16절을 아주 즐겨 인용하고 있다.

그러면 이사야 선지자가 말한 짝이 없는 것이 없다는 것은 무슨 뜻인가? "너희는 여호와의 책에서 찾아 읽어 보라 이것들 가운데서 빠진 것이 하나도 없고 제 짝이 없는 것이 없으리니 이는 여호와의 입이 명령하셨고 그의 영이 이것들을 모으셨음이라" 사34:16

현대어 성경에서 잘 풀어서 해석되고 있다. "너희는 여호와의 책에 기록된 것을 자세히 읽어 보아라. 여기에 기록된 짐승 가운데 그 짝이 빠져 있는 것도 하나도 없을 것이다. 여호와께서 명령하신 그대로 주님의 영이 직접 그 짐승들을 불러다 놓으셨다" 사34:16 현대어성경

이것은 말씀에 짝이 없는 것이 아니라 하나님 백성을 괴롭혔던 에돔이 완전히 멸망하여 그 지역에 온갖 짐승들이 짝을 이루며 살지 않는 것이 없을 정도로 황폐하리라는 것이다.

하나님은 자기 백성들을 괴롭혔던 에돔을 완전히 멸망시키고 그 땅에 온갖 짐승들의 터전이 되게 할 것을 말씀하셨다. 그 일을 하시는 분이 바로 주님의 영이라는 것이다.

이렇게 성경의 배경을 전혀 모르고 성경 구절을 문자적으로 이해하여 자기 주관대로 해석하는 신천지 이○○ 씨가 성경을 통달하고 계시를 받은 자인가?

신천지 이○○ 씨가 모든 성경 구절을 비유라는 식으로 해석하는 이유가 무엇인가? 이는 성경의 예언을 자신에게 초점을 맞추어 자신이 바로 참 목자요 보혜사이며 재림 주라는 것을 세뇌시키기 위한 것이다.

## 2. 신천지는 계시록을 어떻게 곡해하는가?

신천지의 이○○ 씨는 직통계시를 받은 자신만이 요한계시록을 제대로 해석할 수 있다고 하며 계시록을 곡해하고 있다.

신천지 이○○ 씨는 주 예수를 믿어 구원 얻는 것이 아니라 사도 요한적 사명자를 만나야 구원받는다고 한다. (하늘에서 온 책의 비밀 계시록진상 2, p.52)

신천지는 사도 요한적 사명자를 만나 말씀을 듣고 지켜야 영생을 얻는다고 한다. 그는 자신을 아담, 노아, 아브라함, 모세, 예수와 동등한 대언자 또는 사도 요한적 보혜사라고 한다.

그는 대언자代言者란 뜻을 완전히 왜곡하고 있다. "…만일 누가 죄를 범하면 아버지 앞에 우리의 대언자가 있으니 곧 의로우신 예수 그리스도시라" 요일2:1

이 뜻은 대언자 예수가 하나님의 존전에서 인간의 죄를 위해 중보하시는 분이라는 뜻이다.

사도 요한은 대언자가 예수 그리스도임을 분명히 말하고 있다. 또한 요한복음에서는 대언자를 헬라어로 '파라크레토스'라 했다. 즉 대언자는 예수의 영이신 '성령'을 지칭하는 말이다. 요14:16, 26, 15:26, 16:7

그런데 이○○ 씨는 자신을 대언자, 즉 대언의 약속된 목자라고 한다. 그 근거로 "천사가 내게 말하기를… 나는 너와 및 예수의 증언을 받은 네 형제들과 같이 종 된 자이니 삼가 그러하지 말고(천사인 나를 경배하지 말고) 오직 하나님께 경배하라 예수의 증언은 예언의 영이라 하더라"했다. 계19:9-10

여기에서 이○○씨는 '예수의 증언은 예언의 영'이란 말을 자신에게 적용시켜 자기 자신이 바로 예수의 영을 받은 '대언의 약속된 목자'라고 한다. '대언의 영'(성령)과 자신을 동일 시 해석하고 있다.

그러나 이것은 성경을 철저히 곡해하는 것이다. 왜냐하면 '예언(대언)의 영'인 성령은 오직 예수 그리스도만 증거 한다고 성경이 가르치고 있기 때문이다. 성령이 오신 목적은 예수를 증거 하기 위함이

기 때문이다. 요 15:26

현대어 성경에서 예언(대언)의 영을 잘 풀어서 해석하고 있다. "천사가 요한에게 말하길 어린 양의 혼인잔치에 초대를 받은 사람은 행복하다고 기록하라. 이 말씀은 하나님께서 친히 하신 말씀이다." 계19:9

사도 요한이 천사를 경배하려고 하니 천사가 말하길 "나 역시 너희 믿음의 형제들과 똑같이 하나님을 섬기는 자일 뿐이다. 예수께 대한 신앙을 너희가 증언하듯이 모든 예언과 지금 네게 일러 준 것 또한 예수를 증언하려는 것일 뿐이다." 계19:10 현대어 성경

즉 '예언의 영'의 뜻은 모든 예언과 말씀은 예수를 증언하는 것일 뿐이라는 뜻이다. 다시 말해 천사가 설명하는 '예언의 영'이라는 것은 바로 '예수를 증언하려는 것뿐이다'고 한 것이다. 현대어 성경

사도 요한도 성령에 힘입어 예수를 증언하고 모든 예언과 말씀이 예수를 증언하는 것일 뿐인데, 이○○ 씨는 자신이 예언의 영인 성령이라 하니 성령을 모독하는 자이다. 마12:32

심지어 이○○ 씨는 저서인 《천국비밀 요한계시록의 실상》에서 '보혜사 이○○ 저著'라 하며 버젓이 자신이 '보혜사' 성령 하나님이심을 선언하고 있다. 이○○ 씨는 자신이 철장권세를 가진 참 목자라고 한다.

그 근거로 "여자가 아들을 낳으니 이는 철장으로 만국을 다스릴 남자라 그 아이를 하나님 앞과 그 보좌 앞으로 올려가더라." 계12:5를 들었는데, 이것은 이 아이가 약속된 목자 이○○가 아니라 예수 그리스도께서 모든 피조물을 통치하실 왕권을 소유하고 있음을 시사한다.

"그 아이가 하나님 앞과 그 보좌 앞으로 올라가더라."의 뜻은 예수님이 부활, 승천하심을 말한다. 그러므로 철장권세는 예수의 왕적 통치권을 말한다.

철장권세를 가지신 승천하신 예수가 사탄의 무리들에게 궁극적인 승리를 쟁취했다는 것이다. 어떻게 이○○ 씨가 철장권세를 가진 참목자인가?

또 이○○ 씨와 같은 이단 교주들은 '요한계시록 일곱 교회에 보내는 편지'에서 '이기는 자'를 자신이라고 주장한다.

"초림 때 하나님께서 영으로 예수님께 오사 함께 역사하셨던 것 같이 재림의 예수도 하늘에서 육신으로 오는 것이 아니라 신령체(영)로 오사 이 땅에 이긴 자를 택하여 영적 이스라엘을 세우시고 그와 함께 하늘 영계에서 이룬 것 같이 하나님 나라와 백성을 창설하신다." (이○○, 성도와 천국, 도서출판 신천지)

이○○ 씨는 이렇게 자신을 '이기는 자'로 주장할 뿐 아니라 '이기는 자'인 자신에게 와서 자신의 교리를 받아야 구원받는다고 주장한다.

요한계시록에 여러 번 반복되는 '이기는 자'는 무슨 뜻인가? 계2:17,26, 3:5,12,21 계시록의 이기는 자가 이○○인가?

현대어 성경(성서원)을 읽어보면 계시록의 '이기는 자'에 대해서 잘 풀어서 기록되어 있다. "이기는 사람, 곧 끝까지 나를 기쁘게 하는 사람에게는 내가 내 나라를 다스리는 권세를 주겠다"고 했다. 계2:26

즉 '이기는 자'는 바로 신앙 때문에 고난과 핍박을 받음에도 불구하고 끝까지 말씀을 지킨 자들이다. 마7:15, 24:4,11 초대교회의 순교를 각오하고 신앙을 지킨 자들이다.

모든 성도들은 어떤 어려운 환경에서도 주님의 말씀을 끝까지 지켜 주님을 기쁘시게 하는 '이기는 자'가 되어야 한다.

그러므로 신천지 이○○ 씨는 예언의 영을 자신으로 해석하므로 자신을 성령 하나님으로 해석할 뿐 아니라, 예수 그리스도의 왕적 통치권을 상징하는 '철장권세', 믿음을 끝까지 지키는 '이기는 자'를 자신으로 해석하므로 자신을 신격화하는데 혈안이 되어 있다.

## 3. 계시록의 상징수인 666, 14만 4천, 아마겟돈은 무슨 뜻인가?

계시록은 묵시문학이다. 묵시문학은 위기와 핍박에서 탄생한 문학이다. 묵시문학은 일반 사람들이 읽으면 무슨 얘기인지 잘 모른다.

그러나 로마제국의 핍박 가운데 시달리고 있는 사람들만은 알고 있다. 묵시언어는 로마제국의 핍박과 검열을 피하기 위한 일종의 비밀언어이기 때문이다.

(1) **14만 4천은 누구를 의미하며 무슨 뜻인가?**

14만 4천은 무엇을 말하는가? 이○○ 신천지나 여호와 증인들은 자신들만 구원받은 14만 4천에 속하며 14만 4천이 채워지면 세상 종말이 온다고 했다.

계시록 7장 4절, 14장 1절에서 말하는 14만 4천은 무엇을 뜻하는가? 성경을 해석할 때는 항상 앞뒤 문맥을 보고 해석해야 한다.

첫째, 14만 4천은 순교자들을 말하고 있다. 계14:1

계시록은 순교를 앞두고 있는 성도들에게 보내는 편지이다. 주제는 세상을 통치하고 있는 악마의 세력인 로마제국은 곧 무너지고 하나님의 통치가 이 땅에 실현될 것이라는 것이다.

그런데 세상을 다스리고 있는 악마의 세력인 죄악을 무엇으로 제거할 수 있는가? 그것이 바로 순교자의 피라는 것이다. 계6:11 순교의 피가 로마의 악한 권세를 물리친다는 것이다.

교회가 이 세상 속에서 왕 노릇을 하리라고 했는데 교회가 세상 주도권을 무엇을 가지고 찾을 수 있을까? 계5:10 교회가 이 세상의 통치권을 회복하기 위해서 어떻게 해야 하는가?

그것은 순교자들의 피 흘림을 통해 하나님의 통치가 온다는 것이다. 그 근거는 다섯째 인을 뗄 때 '죽임을 당한 영혼들이 제단 아래서 탄식할 때 저희 동무 종들과 형제들도 자기처럼 죽임을 받아 그 수가 차기까지 하라'고 했다. 계6:11

"또 내가 보니 보라 어린 양이 시온 산에 섰고 그와 함께 십사만 사천이 섰는데 그 이마에 어린 양의 이름과 그 아버지의 이름이 쓴 것이 있더라" 계14:1

"'어린 양이 시온 산에 섰고"란 뜻은 메시아가 구원받은 많은 사람들과 함께 시온 산에 임한다는 뜻이다. 이러한 계시는 선지자와 그 밖에 여러 묵시문학에서 자주 등장한다. 욜2:32, 사24:23, 미4:7

여기서 '시온 산'이란 것은 예루살렘과 동의어로 사용되는 말이다. 땅에 있는 시온 산의 완전한 전형典型은 하늘에 있다.

히브리서 12장 22절에 '시온 산과 살아계신 하나님의 도성인 하늘의 예루살렘…'이란 표현에서 볼 수 있듯이 계시록 14장 1절의 '어린 양이 시온 산에 섰고'에서 시온은 하늘의 예루살렘을 말하고 있다.

그러므로 계시록 14장 1절에 기록된 '어린 양이 시온 산에 섰고 그와 함께 십사만 사천이 섰는데…' 라는 표현은 하늘의 예루살렘에 있는 순교자들을 말한다.

둘째, 14만 4천은 구원받은 모든 자들을 말한다. 계7:4

또한 "내가 인 맞은 자의 수를 들으니 이스라엘 자손의 각 지파 중에서 인침을 받은 자들이 14만 4천이니"라고 했다. 계7:4

계시록 7장 4절에 말하는 14만 4천은 누구를 말하는가? 계시록은 숫자는 상징적인 의미이지 실제 숫자를 말하는 것이 아니다.

예를 들면 6은 신적인 완전수 7에 하나 부족한 수로서, 불완전을 상징한다. 유대인의 정결 예식을 따라 두세 통 드는 물 항아리 여섯은 유대교의 불완전성을 상징한다. 요2:6

7은 문자<sub>文字</sub>적인 표현이면서도 계1:4, 5:1 완전을 상징한다. 일곱 영 계1:4, 일곱 등불 계4:5, 일곱 뿔, 일곱 눈 계4:6, 일곱 우레 계10:4, 일곱 머리 계12:3, 일곱 면류관 계12:3, 일곱 인, 일곱 나팔, 일곱 대접 등이다.

10은 정한 수요에 충족한 수<sub>滿數</sub>, 세상에서는 10을 한 주기의 끝으로 본다. 제한된 완벽함을 상징한다. 열흘 동안의 환난 계2:10, 열 뿔 계12:3, 13:1, 17:7, 열 면류관 계17:12 등이다.

12는 천지승수<sub>天地乘數</sub>로써(3×4=12), 즉 하늘의 수인 3과 땅의 수인 4를 곱한 완전수, 하나님의 백성(이스라엘)의 숫자이다. 전체 혹은 완전함을 상징한다.

구약에서 12는 이스라엘 열두 지파의 숫자이고, 신약에서 12는 그리스도의 사도들의 숫자이다.

그리하여 본서에서는 모두 하나님의 백성과 관계된 사실들과 관련되어 나온다. 열두 별 계12:1, 열두 문, 열두 천사 계21:12, 열두 사도, 열두 이름 계21:14, 열두 문, 열두 진주 계21:21, 열두 실과 계22:2 등이다.

12는 우주만물의 기준이다. 시간도 12시가 기준이고 일 년도 12달이 기준이다. 이는 천지승수로써 완전수를 의미한다.

그러므로 계시록의 십사만 사천이란 숫자도 자연적인 수를 의미하는 것이 아니라 '완전'을 상징하는 상징의 수이다.

$12 \times 12 \times 1,000 = 144,000$ → 12지파의 세계적 확대 = 새 이스라엘

= 전체 교회이다. 즉 14만 4천은 구원받은 자의 '전체'를 의미하는 '완전수'로써 하늘과 땅에 구속 받은 모든 성도들을 가리킨다고 볼 수 있다.

셋째: 왜 14만 4천 머리에 인을 치는가?

머리에 인 치심을 받은 14만 4천은 무엇을 말하는가? 머리에 인을 친다는 것은 소유권을 주장한다는 뜻이다.

즉 우리의 생각, 소유, 의지, 감정, 몸, 계획 등 모든 것이 하나님의 소유가 된다는 뜻이다. 머리에 인 맞은 성도만이 예수 그리스도의 가르침을 따르기 위해 세상의 어떤 것과도 타협하지 않고 순교자의 길을 걸어갈 수 있다.

⑵ **짐승의 이름을 숫자로 표시하면 666, 이것은 무슨 뜻인가?**

"땅에서 올라온 짐승은 새끼 양 같고 두 뿔이 있고 용처럼 말하더라" 계13:11 로마시대에 황제숭배를 종교적으로 실행하기 위한 각 지역 단체들이 생겼다.

이방 사제들은 이상한 마술을 부리는 재주를 습득하여 백성들을 놀라게 하여 황제숭배 예배에 나오게 하며 우상으로 말하게 하여 백성들을 속였다.

그리고 황제예배를 열심히 한 사람들에게는 표를 주어 그들만이 물건을 매매할 수 있는 특권을 가지게 했다. 이것이 짐승에게 충성한 사람이라는 표다. 그런데 그 짐승의 이름의 수는 666이었다.

종말론자들은 666을 문자적으로 해석해서 바코드라고 했다. 바코드를 짐승의 수로 해석했다. 심지어 666번 버스를 타면 내리는 경우도 있다.

짐승이 이 표를 오른손에나 이마에 표를 받게 하고 누구든지 이 표를 가진 자 외에는 매매를 못 하게 하니… 계13:16-17

이 표 666은 무슨 뜻인가?

666은 계시록 13장 18절에 한 번만 나온다. 이것이 상징인지(Greijdanus, Plummer, Hendriksen), 어떤 한 인간의 암호인지(Charles, J. B. Smith, Stauffer) 학자들의 논의가 있다.

전자에서는 이 수가 (6×100)+(6×10)+6으로 된 것으로 보고, 그러한 6이 100배, 10배 1배 있는 것은 완전한 불완전을 나타내는 것으로 본다. 즉 666은 인간의 수, 세상적인 수, 마귀의 수라 생각한다.

후자의 경우는 666을 인간의 암호(cryptogram)로 보고, 그 인간의 이름을 지칭하기를 피하기 위한 암시적 방법으로 볼 수 있다.

그렇다면 666이 암시하는 인간은 누구인가? 당시의 정황에 비추어 볼 때 로마황제를 지칭하는 것으로 볼 수 있다. 그는 묵시적으로 표현하면 '짐승'과 같은 존재이다.

현대어 성경(성서원)은 "여기에 세심한 주의를 기울여서 풀어야 할 수수께끼가 있습니다. 이 숫자의 뜻을 풀 수 있는 사람은 풀어보십시오. 이 짐승의 이름을 숫자로 표시하면 666이 됩니다."라고 번역했다.

짐승의 이름을 숫자로 표시하면 666이라 했다. 그 당시 문자는 숫자를 다 가지고 있었다. 라틴어로 네로를 'NERON'이라 한다. 그러면 N=50, E=6, R=500, O=60, N=50, 합계 666이 된다.

즉 666은 로마황제이며 악의 화신인 네로를 상징하는 것이다. 로마황제를 악의 화신으로 기록할 수 없으므로 암호로 사용해 기록한 것이다.

우리는 계시록의 기록 배경을 알아야 숫자의 비밀을 알 수 있다. 계시록은 위기 문학으로 극심한 박해 아래 있던 성도들에게 위로와 소망을 주기 위한 편지이다.

그러므로 666을 바코드에 적용하면 안 된다. 바코드가 지금 많이 사용되고, 인간을 통제할 수 있는 수단이 될 수 있다는 위험은 있지만 666을 바코드에 적용시키는 것은 사도 요한의 편지의 의도와는 전혀 상관이 없는 해석이다.

666의 숫자는 초대교회에 가장 혹독한 핍박자인 로마황제 네로의 이름을 숫자로 표시한 것뿐이다. 그 당시 편지를 읽는 자들은 짐승의 이름을 숫자로 표시한 666이 무슨 뜻인지 잘 알았다.

그러므로 계시록의 666은 요한이 편지를 쓴 시대적 배경을 알고 해석해야지 저자의 의도와는 전혀 상관이 없는 오늘날 컴퓨터 바코드나 베리 칩으로 해석한다는 것은 무리한 해석이다. 계13:18

### (3) 아마겟돈 전쟁은 무엇을 의미하는가?

"세 영靈이 히브리어로 아마겟돈이라 하는 곳으로 왕들을 모으더라" 계16:16 아마겟돈은 신화적인 신비적인 장소로, 정확하게 알 수는 없다. 대체적으로 므깃도의 산으로 추정되고 있다.

그런데 많은 사람들이 아마겟돈을 인류 최후의 전쟁으로 이해하고 있다. 인류 최후의 3차 세계 전쟁이 일어나면 핵전쟁이 되기 때문에 세상은 멸망한다고 한다. 이는 계시록의 역사적 배경을 전혀 모르는 잘못된 해석이다.

요한계시록은 대 핍박 가운데 있는 성도들에게 쓴 편지로, 로마제국의 멸망을 말하고 있다. 아마겟돈 전쟁에서 멸망이란 로마제국에 도사리고 있는 사악한 권세와 죄악을 심판한다는 것이다.

그것을 증명하는 것이 바로 뒤이어 "큰 성이 세 갈래로 갈라지고 만국의 성들도 무너지니 큰 성 바벨론이 하나님 앞에 기억하신 바 되어 그의 맹렬한 진노의 포도주 잔을 받으매…"라고 했다. 계16:19 즉, 큰 성 바벨론은 로마제국을 뜻한다.

당시의 로마제국은 하나님의 백성을 핍박하는 사탄의 거대한 세력을 의미했다. 하지만 성도들은 로마제국의 가혹한 핍박을 이기고 결국은 승리할 것이다.

실제로 초대교회 성도들은 로마제국의 악한 권세를 종식시키고 하나님의 통치를 실현했다. 그것이 바로 밀라노 칙령이다. 이처럼 초대교회 성도들과 악의 무리인 로마제국 간의 영적전쟁을 계시록 저자는 아마겟돈 전쟁으로 상징한 것이다.

그러므로 아마겟돈 전쟁이란 역사상의 실재 지역에서 발발하는 문자적인 의미에서의 전쟁이 아니라 하나님의 백성과 로마제국 간의 치열한 영적싸움을 말하는 것이다.

요한은 그 설명할 수 없는 전쟁을 설명하기 위해서 우주적인 비유와 묵시의 언어를 사용했다. 아마겟돈 전쟁을 인류 최후의 전쟁으로 보아서는 안 된다. 이것은 세상 종말론자들과 유대교에서 주장하는 것이다.

기독교 종말론은 하나님의 나라를 이 땅에 실현하는 것이다. 성경은 핵전쟁을 말하고 있지 않다. 그렇다고 핵전쟁이 없다는 것은 아니다.

오늘날 우리는 핵전쟁의 위험에 노출되어 있는 것이 사실이다. 하지만 그리스도인들은 세상이 핵전쟁으로 망한다고 해서는 안 되고 핵전쟁을 막아서야 할 세상의 소금으로서 책임이 있는 사람들이다.

노스트라다무스나 마야의 달력을 근거해서 세상종말이 온다고 주장하는 것은 성경적인 해석이 아니다. 이런 사상이 성도들 중에서도 은연중에 스며들어 있다.

십사만 사천 명, 즉 순교자들과 성도들의 인내와 희생을 통해서 악한 로마제국의 통치가 곧 무너지고 이 땅에 하나님의 나라가 실현될 것이라는 것이다.

그러므로 아마겟돈 전쟁은 세계 마지막 전쟁을 표현한 것이 아니라 교회와 악의 무리인 로마제국 간의 영적전쟁을 묵시적 언어로 표현한 것일 뿐이다.

## 4. 신천지, 창세기 1장의 천지창조도 비유인가?

신천지 이○○ 씨는 창세기 1장의 하나님의 천지창조 사건을 어떻게 보는가.

이○○ 씨는 창세기의 창조사역인 첫째 날, 둘째 날, 셋째 날… 창조 사건을 문자적으로 해석하지 말아야 한다고 주장한다.

이 씨가 주장하길 "창세기 1장을 표면적인 문자에 매여 육적 창조라고 고집하는 주장은 과학적 논리적 현실적 상식적 모순투성이며 이러한 주장은 오히려 하나님에 대한 불신과 그릇된 성경관을 갖게 되는 요인이 될 뿐이다"라고 한다. (이○○, 성도와 천국, 도서출판 신천지, p.40)

이○○ 씨는 "저녁이 되고 아침이 되니 이는 첫째 날인 이 첫째 날은 언제인가? 오늘날 땅에 속한 무지한 사람들이 이 첫째 날을 자연계의 우주 만물이 창조되기 시작한 첫째 날이라고 주장한다. 이것은 과학적 이치적 상식적으로 맞지 않는 무식의 소치를 드러내는 것이다" 했다. (앞의 책 p.46)

오늘날 학교에서 천문학의 빅뱅(Big Bang) 가설과 생물학의 진화론進化論 가설을 배우다 보니 하나님의 천지창조와 첫째 날, 둘째날… 창조기사가 믿어지지 않는 신화로 느껴질 때가 많다.

창세기 첫 문장에 "태초에 하나님이 천지를 창조하시니라."는 무엇을 의미하는가? 우리가 분명히 알아야 할 것은 창세기는 과학책이 아니다.

천문학 또는 물리학에서는 우주의 처음을 설명하기를 대폭발大爆發 또는 빅뱅(Big Bang) 가설을 주장한다. 우주의 처음에 매우 높은 에너지를 가진 작은 물질과 공간이 약 138억 년 전의 거대한 폭발을 통해 우주가 되었다고 보는 이론이다.

창조 과학회에서 주장하는 젊은 지구 창조론, 오랜 지구 창조론, 유신진화론 등이 있지만 우리가 분명히 알아야 할 것은 창세기는 과학책도 역사책도 아니라는 사실이다.

창세기 1장은 하나님이 전 우주의 모든 생명체를 지었다는 것을 기록한 문서이다. 창세기 기자가 첫째 날, 둘째 날, 셋째 날의 창조 기사는 무엇을 말하고 싶어 했는가? 그것은 하나님이 시간을 만드셨다는 것이다. 해와 달과 별을 만드신 분이 하나님이라는 것이다.

그리고 하나님의 천지창조의 최종 목적目的은 사람 아담이라는 것이다. 창1:26 천지를 창조하신 하나님은 자신의 형상대로 만든 사람이 이 세상에서 행복하게 살도록 만드셨다는 것이다. 창1:26-27, 31

그러므로 천지창조의 첫째 날, 둘째 날, 셋째 날(םי' 욤)의 길이가

24시간인가 아니면 아주 긴 날인가 하는 '날(םי'욤)'의 논쟁은 저자와 전혀 관계가 없는 논쟁이다.

그럼에도 불구하고 '날(םי'욤)'은 많은 신학적 논쟁을 불러 일으켰다. '날(םי'욤)'에 대해 전통적으로 3가지 학설이 있다.

① '날(םי'욤)'은 한 시대를 가리킨다는 학설이다. (요세푸스, 이레니우스, 오리겐) 이들은 '저녁이 되며 아침이 되니'라는 말을 하나의 상징적 표현으로 한 시대의 끝과 다른 시대의 시작을 의미하는 것이라 해석한다.

그러나 이 학설은 '안식일을 기억하여 거룩하게 지키라' 출 20:8-11 계명에 위배된다. 왜냐하면 안식일 계명에 나타난 창조의 6일은 문자적 6일이요 장구한 여섯 시대를 말하는 것이 아니기 때문이다.

따라서 만일 창세기의 1일이 오늘날과 같은 하루가 아니라면 제7일의 안식 문제를 설명할 길이 없다.

신천지에서도 '날(םי'욤)'을 비유로 본다. 이○○ 씨의 주장은 첫째 날이 하루를 말하는 것이 아니고 새로운 인물에 의해 시작되는 한 시대를 말하는 비유라고 한다.

이○○ 씨가 말하길 "그러므로 한 세대가 끝나고 새로운 한 세대를 맞이하는 때가 첫째 날이다. 이는 하나님이 진리의 소유자인 한 빛을 택하여 세우므로 시작된다"고 한다. (앞의 책 p.46)

이○○ 씨가 창조 사건을 비유로 풀이하는 목적은 자신이 만든 집단을 이 한 세대를 시작하는 빛으로 새 하늘로 주장하기 위해서이다. 그러나 이것 역시 제7일 안식일을 지키라는 문제를 해석할 수 없는 오류에 빠지게 된다.

② '날(יוֹם욤)'을 문자 그대로 24시간으로 보는 학설이다. (루터, 칼뱅, 루이스 뻘콥) 실제적인 제7일을 안식일로 하나님이 정하셨다면 다른 6일도 당연히 같은 24시간을 가진 하루이어야 한다.

히브리인들이 '저녁이 되며 아침이 되니라'란 표현을 보면 낮과 밤이 빛에 의해서 지상에서 교체되었다. 창1:5 이것은 분명히 24시간을 묘사하고 있음이 분명하다. 하지만 히브리 저자가 창세기 1장 '날(יוֹם욤)'을 기술하면서 24시간에 의도를 두었다고 생각할 수 없다.

③ '날(יוֹם욤)'의 기간이 서로 다르다고 보는 절충안이다. (어거스틴, 바빙크) 즉, 태양이 창조된 4일 이전의 3일은 오늘날의 하루와 다른 장구한 기간으로 보는 것이다. 그리고 이어지는 3일은 24시간으로 보는 견해이다.

히브리어 '욤(יוֹם)'이 긴 시간으로 사용된 적은 있다. 창2:4, 슥2:11, 14:6-7, 욜2:31 하지만 이러한 예는 성경 전체에서 볼 때 그 예가 매우 적다.

특히 창 1장의 '욤(יוֹם)'을 긴 시대로 해석하는 것은 전체 내용을 볼 때 부자연스럽다. 왜냐하면 '저녁이 되며 아침이 되니라'는 표현은 히브리 24시간의 하루를 묘사하는 전형적인 표현이기 때문이다.

이 세 가지 학설은 나름대로 타당성과 문제점을 가지고 있지만 창세기 저자가 말하는 '날(יוֹם욤)'은 하나님이 시간을 만드셨다는 것에

방점을 두고 있다. 그러므로 '날(מי'욤)'의 길이가 24시간인가 아닌가 하는 논쟁은 창세기 저자와 전혀 관계가 없는 논쟁으로 볼 수밖에 없다.

이○○ 씨의 창세기 1장을 비유로 풀이하는 것은 하나님이 말씀으로 천지를 창조한 창조 사역을 거역하는 것이다. 다시 말해 신천지는 창세기 1장 '날(מי'욤)'을 하루를 말하는 것이 아니고 '새로운 인물에 의해 시작되는 한 시대'를 말하는 비유라고 말함으로 하나님의 천지 창조를 정면으로 부인하고 있다.

* 참고도서_ '하비루의 길'(길동무, 케노시스 영성원)

## 5. 신천지는 생명나무와 선악과를 어떻게 곡해하는가?

우리는 신천지가 창세기를 어떻게 가르치는가를 알아야 한다. 신천지에서 생명生命나무와 선악과善惡果를 어떻게 가르치며 호도하고 있는가? 창2:9, 3장

신천지가 가르치길 "오늘날 예수교회 한 밭에 두 가지 씨로 된 나무가 있다고 한다. 하나는 하나님의 씨로 난 생명나무요, 하나는 마귀의 씨로 난 선악나무이다. 두 나무는 각각 하나님의 목자(신천지)와 마귀의 목자(일반교회)이다"라고 했다.

"하나님의 씨는 예수를 통해 뿌려졌고 마귀의 씨는 당시 서기관과 바리새인 목자들을 통해 뿌려졌다. 각각 뿌려진 씨에 의해서 좋은 씨는 하나님의 천국의 아들이 되고 가라지는 마귀의 지옥 아들이 된다"고 한다.

하지만 신천지의 가르침처럼 예수가 밭에 씨 뿌리러 나갈 때 두 가지 씨를 가지고 나갔다는 것은 성경에 없다. 씨를 뿌리는 자가 뿌리러 나가서 뿌릴 새 더러는 길가, 더러는 흙이 얇은 돌밭, 더러는 가시떨기, 더러는 좋은 땅에 뿌려졌다고 했다. 마13:3-8

마찬가지로 하나님이 에덴동산에 두 가지 씨를 뿌려서 두 가지 나무를 만들었다는 것은 성경에 없다. 성경에 '동산 가운데에는 생명나무와 선악善惡을 알게 하는 나무도 있더라'고 기록되어 있다. 창2:9

신천지는 가르치길 "하나님은 생명나무 곧 생명이었고 마귀는 선악나무 곧 사망이었다"고 한다. 즉 하나님이 에덴동산 중앙에 두신 선악과善惡果가 마귀의 정체라고 한다.

신천지는 하나님과 생명나무를 동일시했다. 창조주와 피조물을 동일시 한 것은 신성모독이다. 신천지에서 선악과를 마귀의 정체라고 했는데 선악과는 마귀의 정체가 아니라 하나님이 인간에게 선과 악을 인식할 수 있는 도덕적 존재로 만들었다는 것이다.

특히 그들은 선악나무가 바로 전통교회의 목사들이며 그들이 바로 마귀의 정체라고 강조한다. 선악나무가 전통교회 목사고 마귀의 정체라고 한다면 전 세계의 모든 목사들이 마귀라는 것이다. 이는 엄청난 악의에 찬 궤변이다.

하나님이 만든 생명나무가 하나님의 목자 신천지인가? 성경에서 말하는 생명나무는 무엇을 의미하는가?

첫째, 이 나무는 하나님께 대한 순종을 전제로 인간 생명을 영속시키며 늘 강건한 힘을 공급해 주는 과실나무이다. 창3:22

둘째, 생명나무는 성도가 전인격적으로 성숙한 삶을 살 수 있도록 북돋워 주는 에너지(energize)가 담겨 있는 것으로 볼 수 있다. 이러한 사실은 천국에서는 성도가 생명나무 과실을 먹을 수 있도록 허용된다는 점이다. 계2:7

셋째, 생명나무는 아담과 하와가 그 과실을 먹을 때마다 생명의 근원이 하나님께 있음을 기억하도록 해 주는 의미를 지닌 나무이다.

즉, 인간의 생명의 궁극적인 원천은 생명나무 자체에 있는 것이 아니라 오직 하나님께 있다는 것이다. 생명나무가 하나님의 목자(신천지)라는 것은 성경을 왜곡한 거짓 가르침이다.

아담(사람)이 선악과를 따 먹고 하나님께 죄를 범하므로 더 이상 생명나무를 먹지 못하는 비극을 초래하였다. 창3:22-24 그러므로 생명나무는 하나님이 만든 피조물에 불과하다.

하나님이 씨를 뿌려서 생명나무를 만들었고 "생명나무가 곧 생명이고 생명나무의 실체가 신천지 예수교 12지파라는 것"은 성경에 없는 거짓말이다.

신천지는 선악나무의 실체가 바로 뱀인 전통 교회들의 목자들이라 한다. 그러므로 신천지에서 전통교회 목사들을 뱀과 같은 악마라 규정하고 있다. 그러면 선악과善惡果는 무엇을 의미하는가?

선악과는 마귀의 정체가 아니라 하나님은 자기의 형상대로 사람(아담)을 창조하시고 하나님과 관계를 유지하기 위해 한 가지 법法을 주신 것이다.

선악과는 하나님과 인간이 관계를 유지하는 조건이며 방법이다. 인간은 하나님으로부터 창조되었고 좋은 관계를 유지하기 위해서 선악과는 없어서는 안 될 계약과 같은 법法이다.

선악과가 에덴동산 중앙에 있었다는 것은 아담과 하와가 이 법의 지배를 받고 있음을 말한다. 아담은 선과 악을 알게 하는 이 법法대로 살아야 하나님께서 의도하신 인간 본연의 행복한 삶을 유지할 수 있었다.

"선악과는 먹지 말라"는 말씀 속에는 먹을 수도 있는 자유가 주어져 있음을 말한다. 즉, 하나님께서는 선악과를 따 먹으면 죽을 것이지만 반면에 따 먹지 않으면 영생할 것이라는 약속을 주셨다. 창2:17

하나님은 자신의 형상대로 지음 받은 사람이 로봇이 아니라 자율적인 판단과 선택의 자유를 주시며 순종으로 성숙한 인격체로 성장하기를 원했다. 그러나 아담(사람)은 육체의 소욕所欲을 좇아 하나님의 법을 거역하고 불순종했다.

하나님의 거룩한 법을 무시한 아담은 죽음과 낙원을 상실했을 뿐만 아니라 양심과 도덕이 부패하여 하나님과 관계가 단절되었다. 이

것이 인간의 비극이다. 아담(사람)은 피조물로서 지켜야 할 법法을 어긴 것이다.

그러므로 신천지에서 말하는 "하나님은 생명나무 곧 생명이고 선악과는 마귀이며 사망이다"는 것은 전제 자체가 말이 되지 않는 무식의 소치이다.

또 "생명나무의 실체는 신천지 예수교 12지파이며 선악나무는 뱀과 같은 전통교회 목자"라고 하는 것이라는 것은 전통교회와 목회자를 매도하기 위한 악의적이고 교활한 해석이다.

참고도서_ '하비루의 길'(길동무, 케노시스 영성원)

초판 1쇄 2017년 01월 02일
초판 2쇄 2017년 06월 12일

**지은이** 김후용
**디자인** 맑은샘
**이메일** huknow@hanmail.net
**펴낸곳** 도서출판 출애굽
**출판등록** 제2011-000004
**주소** 충남 서산시 석남 1로 12
**대표전화** 041.665.0211  010.5457.0211

ISBN 979-11-952877-9-6(03230)

「이 도서의 국립중앙도서관 출판시도서목록(CIP)은 서지정보유통지원 시스템 홈페이지(http://seoji.nl.go.kr)와 국가자료공동목록시스템(http://www.nl.go.kr/kolisnet)에서 이용하실 수 있습니다.(CIP제어번호: CIP2016032453)」

*저작권법에 의해 보호를 받는 저작물이므로 저자와 출판사의 동의 없이 내용의 일부를 인용하거나 발췌하는 것을 금합니다.
*파손된 책은 구입처에서 교환해 드립니다.
*책값은 뒷표지에 표시되어 있습니다.